W0272724

JOHANNES R. BECHER

WIEDERGEBURT

BUCH DER SONETTE

INSEL-VERLAG
LEIPZIG
1987

© 1947, 1980 Insel-Verlag Anton Kippenberg, Leipzig

ISSN 0233-1047
ISBN 3-7351-0084-8

WIEDERGEBURT

In jener Bauten weitgespanntem Sehnen,
darin das Dunkel einer Glocke schwang,
erschien er sich, und er erschien in jenen
Kantaten: wie ein ewiger Widerklang

all dessen, was er einst gewesen war.
Auf alten Bildern ist er sich erschienen,
er wurde darin seiner selbst gewahr
und blickte als sein Selbstbildnis aus ihnen.

Er sprach: »So muß ich jene Größe zeigen
und muß sie wiederfinden und vereinen
mit dem, was ich nunmehr geworden bin.

Dies alles bin ich, war ich, ist mein eigen.
Ich werde nichts verschweigen und beginn
in meiner ganzen Größe zu erscheinen.«

ANRUF

Nenn mir den Namen! Welcher Name kann
das Werk mir heiligen und kann uns segnen,
wenn wir in seinem Namen uns begegnen?
In wessen Namen ruf ich Großes an?

Ein Name ruft mich an, daß aus dem Bann
des frevelhaften Mißbrauchs ihn erlöse
ein tief uns wandelnd Werk, und er alsdann
uns segnen kann, in seiner heiligen Größe.

Von allen Namen sei mir der genannt,
der, von der Heimat stillem Glanz umweht,
im Morgenglanz und in dem Widerglanz

der Sterne mich durchflüstert, ein Gebet,
o Name du, erhoben als Monstranz:
O Deutschland! Deutschland! heilig schönes Land!

VOM SINN DER NIEDERLAGE

Das ist der heilige Sinn der Niederlage
und kann ein Sieg sein im Zusammenbruch,
darin erscheint verklärt die Totenklage
und kann zum Segen wandeln unsern Fluch:

Wenn auf die große Frage, die in Frage
das Ganze stellt, ein Volk die Antwort sucht
und wenn es legt die Wahrheit auf die Waage
als ein Gewicht von ungeheurer Wucht,

dann ist es uns gegeben, aufzuwiegen,
was wir verfehlt, dann wird uns ein Gewinn,
und als Gewinn wird der Verlust gebucht.

So reift aus unserm Leiden eine Frucht,
so können im Zusammenbruch wir siegen. –
Das ist der Niederlage heiliger Sinn.

DAS SONETT

Wenn einer Dichtung droht Zusammenbruch
und sich die Bilder nicht mehr ordnen lassen,
wenn immer wieder fehlschlägt der Versuch,
sich selbst in eine feste Form zu fassen,

wenn vor dem Übermaße des Geschauten
der Blick sich ins Unendliche verliert,
und wenn in Schreien und in Sterbenslauten
die Welt sich wandelt und sich umgebiert,

wenn Form nur ist, damit sie sich zersprenge
und Ungestalt wird, wenn die Totenwacht
die Dichtung hält am eignen Totenbett, –

alsdann erscheint, in seiner schweren Strenge
und wie das Sinnbild einer Ordnungsmacht
als Rettung vor dem Chaos: das Sonett.

DU MEINE DEUTSCHE HEIMAT

Du meine deutsche Heimat, die so schwer
darniederliegt, – muß ich dich auch verklagen
und zähle alle die Verbrechen her,
um deretwillen du so schwer geschlagen:

O Niederlage, aller Niederlagen
schmachvollste, – dennoch ruh ich nimmermehr,
bis ich in meine Heimat wiederkehr,
um mitzutragen, was ihr aufgetragen.

Deutschlands Verderben hab ich mitbesiegt.
Mein Bestes gab ich, Deutschland, dir zu eigen.
Mein alles bist du, ich der Deine, ganz.

O Heimat, die so schwer darniederliegt,
ich konnte dir die Wahrheit nicht verschweigen.
Wahrheit, dein Licht ist Auferstehungsglanz.

AUF DAS TAGEBUCH
EINES GEFALLENEN STUDENTEN

In graues Leinen ist es eingebunden,
mit einem Schloß, so war es abzuschließen.
Hier schrieb er auf in seinen freien Stunden,
was all die Tage brachten und verhießen.

Was brachten sie: den Dienst, ein Übungsschießen, –
er hat sich schwer nur damit abgefunden,
mit stumpfem Tagewerk, und hier in diesen
fragenden Zeilen schweigen tiefe Wunden.

Es heißt: ›Nun ziehen wir durch Rußlands Weiten.
Ich weiß es nicht, was Deutschland dort verlor.‹
Und dann: die vielen leeren weißen Seiten …

Noch einmal les ich mir den Vorspruch vor:
›Vor dem, was war, werd dir das Aug nicht naß!
Vor dem, was kommt, werd dir die Wang nicht blaß!‹

RÖMISCHER SIEGER

Die Nacht ist von Raketen aufgesprengt,
die Glocken wölben einen hohen Bogen,
und ein Spalier von Fahnen ist gezogen,
das auf die Straße tief herniederhängt.

Schon hat ihn seine Wache dicht umdrängt
und steht in straffer Reihe bis zum Wagen.
Aufrecht steht er im Wagen, um zu ragen
als Standbild, das die Huldigung empfängt.

Die Marschmusik, die schmetternd ihn bedeckt,
läßt ihn in seinem Wahn sich höher recken.
Und während er den Arm nach oben streckt

und sie von unten ihre Arme strecken,
ist es, als würden diese beiden Zeichen
einander kreuzen und ins Leere reichen.

GENERAL MOLA
Aus dem spanischen Bürgerkrieg

Wenn er so dasaß, ohne aufzuschauen,
ein Urteil nach dem andern unterschrieb:
nichts Menschliches saß da, – ein hagres Grauen,
daran allein der Rock noch menschlich blieb.

Als könnte er auch weinen oder lachen,
so menschlich war der Rock, aus feinem Tuch,
von Menschenhand gemacht, wie der Versuch,
ein Menschenbild aus einem Rock zu machen.

Als eines Tags ein Flugzeug unbekannt
abstürzte im Gebirge und verbrannte,
aus nichts war seine Herkunft ablesbar:

bis man ein Stück von einem Rocke fand,
woran man ihn, den General, erkannte, –
das einzige, was menschlich an ihm war.

›MACBETH TÖTET DEN SCHLAF‹
Shakespeare

Was ists, daß ich mir selbst den Schlaf verwehr?
Einst ließ ich willig mich vom Schlaf verwehen.
Wer ließ mein Traumspiel mir verloren gehen?
O Schlafenszeit! Es schläft sich schwer, so schwer.

Wer ist der Mörder meines Schlafes, wer?
Er scheint in jeden Schlaf hineinzusehen,
und jeder weiß: es kann im Schlaf geschehen. –
O Schlafenszeit! Es schläft sich schwer, so schwer.

O Krieg, der naht, ich darf darnach nicht fragen,
im Schlaf auch nicht. – Es horcht an jeder Wand
und horcht hinab bis auf des Schlafes Grund.

In unhörbaren Tiefen weilt mein Klagen.
Schweig auch im Schlaf! Halt vor den Schlaf die Hand!
Es schläft sich schwer mit zugehaltenem Mund.

O DU GROSSE DUNKLE SCHWERE ZEIT

Und wir gehen durch die Parkanlagen,
wo der alte Brunnen wieder springt.
Wie in eine andere Zeit verschlagen,
sitzt ein Mann dort auf der Bank und singt.

Und wir fragen ihn, den Mann, den alten:
»Woher bist du?« Und er sagt: »Von weit«,
– und für Fremde scheint er uns zu halten –
»aus der großen dunklen schweren Zeit.«

Das bin ich, ein dunkler Cello-Ton.
Und ich bin im Park mir selbst begegnet.
Heimwärts gehn wir durch die Dunkelheit,

und das Dunkel ist vom Licht gesegnet.
Gute Nacht. Nun träumen wir davon, –
o du große dunkle schwere Zeit!

ZWÖLF LANGE JAHRE

Zwölf lange Jahre hab ich dich vermißt.
Ich hätte nie gedacht, dich so zu missen.
Als wär ich von mir selber losgerissen,
muß ich mich suchen dort, wo du, du bist.

Zwölf Jahre Angst, ob du mich nicht vergißt
und ich nicht werde fremd dir sterben müssen.
Und so, verharrend in dem Ungewissen,
hab ich zwölf lange Jahre dich vermißt.

Und jed Gebet hat darum nur gefleht:
»O Heimat! Gib der Heimat mich zurück!«
Und mein Gedicht war ein Vergiß-mein-nicht!

Bist du ein Grab auch: in dir aufersteht
all das, was mütterlich zum Herzen spricht,
und einmal auch – vielleicht – ein wenig Glück.

DIE ERDE STEHT

Als eines Tags aus der Gefangenschaft
ein Bauer kehrte in sein Dorf zurück,
fand er sich nicht zurecht. Wohin sein Blick
auch irrte, schien es wie hinweggerafft,

das ganze Dorf. O nirgendwo ein Halt!
Nicht Mensch, nicht Vieh. Nur da und dort ein Stein
erzählt von der vernichtenden Gewalt,
die brach auch über dieses Dorf herein.

Er zeigte mit der Hand: »Sieh, nur das Land,
das schwarz gefurchte, widerstand dem Brand!«
– und nur, worauf er stand, die Erde, stand.

Er faltete die Hände zum Gebet,
als vor sich hinsprach er: »Die Erde steht!«
Und hob die Hand, als hätte er gesät.

DER GARTEN

Frühmorgens trete ich vor jedes Beet
und kniee hin, das Unkraut auszujäten.
Indes der Klang der Glocken fern herweht,
danke ich allen, die je Gutes säten.

Dann bin ich vor die Bäume hingetreten,
und ich verharre dort wie im Gebet,
um dich, den Baum des Lebens, anzubeten,
und sprech dem Bauern nach: »Die Erde steht.«

Zurückgekehrt von all den irren Fahrten,
ich kehrte in des Gartens Stille ein.
Dort will ich, Deutschland, deines Gartens warten,

wo jeder Halm mich mahnt: »Gedenke mein!«
Ich will zu guter Letzt ein Gärtner sein. –
Tritt ein mit mir in Deutschlands heiligen Garten!

GEBURTSTAG

An diesem Tag wird eine Mutter denken:
›Was macht er wohl?‹ Sie geht rund um den Tisch,
legt eine Decke auf, schön weiß und frisch, –
›Was soll ich ihm zum heutigen Tag nur schenken?‹

Es streicht ein Wind durch den Kastanienbaum.
Ein Kind spielt Ball. Die Mutter hält die Hände
geöffnet hin. Der Ball fliegt durch den Raum,
fliegt über Berge, fliegt durch alle Wände

zu ihm, dem Sohn. Der fängt ihn auf. Nun sieht
sie ihn ganz nahe, näher, als das Bild,
das sie im Schränkchen hat, ihn zeigen mag.

Und in dem Wind, der durch den Baum streicht, zieht
sie ihn an sich. Willkommen! grüßt ein Schild.
Er steht im Zimmer, sagt leis: »Guten Tag!«

DIE FRAGE

Die Stimme sprach zu ihm: »Sag, wer du bist!«
Da stand er auf und nannte seinen Namen.
»Ich kenne deinen Namen. Name ist
nicht einmal das, was für ein Bild der Rahmen.«

»Zeig mir dein Bild!« Da nannte er den Ort,
wo er geboren war, und zog alsdann
in die Erinnerung, weit zog er fort.
So fing er noch einmal zu leben an.

Er sprach und sprach und zeigte alles vor.
Als ob er immer weiter sich entfernte,
ging er durch sich und trat von Tor zu Tor,

bis endlich er ankam, wo der besternte
und ungeheure Himmel wölbte sich, –
da fragte er sich selbst: »Wer bin ich? Ich?«

ZUSAMMENSPIEL

Ein Arm steigt hoch, der einen Bogen führt.
Er läßt den Bogen ziehn, den leicht gefaßten.
Zwei Hände drücken nieder auf die Tasten,
und Klang um Klang wird wogend aufgerührt.

Ein Mund wölbt sich, formt in sich einen Ton,
um das Geformte klangvoll hinzusagen.
Ein Fuß tritt das Pedal. Die Trommeln tragen
wie Fundament das Ganze, das nun schon

verschmolzen ist. – War es denn je getrennt? –
Und selbst das Flötensolo, das jetzt leis
zu spielen anhebt, ward gespielt von allen.

Klavier und Trommel sitzen rings im Kreis
und hören zu der Flöte mit Gefallen.
E i n Instrument sind sie, e i n Instrument.

DER LESENDE

Er hat das Buch verwundert aufgeschlagen,
in weißer Stille blätternd, bis es spricht,
und hat es zitternd vor sich hergetragen.
Er sitzt im Zug und liest. Er rückt ins Licht.

Die Verse drängen ihn, sie mitzusagen,
und überziehen glanzvoll das Gesicht.
Bald schwingen sie, ihn wiegend, durch den Wagen.
So fährt er mit dem Zug durch ein Gedicht.

Gebannt ist noch der Blick, umspannt vom Rand.
Dann schaut er auf vom Buch, schaut in die Weite.
Und während er das Buch entgleiten läßt,

legt er dazwischen seine eine Hand,
als hielte er so die gelesene Seite
mit seiner Hand, auch mit der Hand, ganz fest.

DAS BILD DES MENSCHEN

Ich möchte schreiben ein Gedicht, daß, wenn
du dies Gedicht liest, alles klar dir würde
und du beginnst zu sprechen: »Ich bekenn,
mir ging verloren alle Menschenwürde.

Ich hab mich weit entfernt von jenem Bild,
das ich im Traum mir einst vom Menschen malte;
ich habe meinen Hunger mir gestillt
mit dem Vergessen, das man mir bezahlte.«

Und plötzlich springst du auf und schreist: »Nie mehr!«
und möchtest laut es durch die Straßen schreien,
und weißt genau: da hilft dir kein Kasteien,

denn du kasteitest dich schon allzu sehr. –
Nach jenem Bild zu greifen durch die Wände,
sind dir gewachsen, spürst du, tausend Hände.

WUNSCH AN DIE NACHWELT

Wenn einen Wunsch zu äußern ihr gestattet, –
ein jeder hat schon solchen Wunsch gehegt,
wenn er sich fragte, wie wohl überträgt
sein Bild sich auf die Nachwelt: unbeschattet

soll es nicht sein und keinesfalls gestellt,
nicht lange wär man es zu sehn gewillt,
ein Bild, das sich zur Wahrheit schlecht verhält
und darum bald zerfällt, ein falsches Bild.

Gemeldet sei von mir: ›Er litt und rang
um Deutschland, das er liebte, doch nicht minder
rang er mit sich, wobei ihm viel mißlang.

Er trug viel Lasten, und als schwerste Last
trug er sich selbst, daran zerbrach er fast.
Er war ein Übergang, ein Überwinder.‹

ABSCHIED

Ihr, die ich sprach, um euch nicht mehr zu sprechen,
ihr, die ich sah, um euch nie mehr zu sehn,
laßt uns die Zeit noch einmal unterbrechen
vor jenem großen Auseinandergehn!

Laßt uns noch einmal uns zusammenrufen!
Laßt uns noch einmal ganz beisammen sein,
um davon, was wir wurden und erschufen,
zu sprechen in die tiefe Nacht hinein!

Dann stehn wir auf im ersten Morgengrauen
und trinken leer das Glas. Mit trunknem Schritt
geht jeder heimwärts, ohne umzuschauen, –

ein schwerer Gang, und doch ein leichtes Gehn;
denn jeder nimmt den andern in sich mit
bei seinem Gang ins Nimmerwiedersehn.

LEONARDO DA VINCI

Zu eng die eine Kunst. Zu eng die Künste.
Zu eng die Wissenschaft. Zu eng das Zelt,
darin der Feldherr ruht. Die Feuersbrünste
sind schwaches Licht, das keinen Raum erhellt.

Zu eng die Freundschaft. Liebe, – welche Enge!
Der Ruhm: mit Eitelkeit und Neid vermengt.
Die Zeit: zu kurz für ihre ewige Länge.
Und alles das: in Gott hineingezwängt.

Mit ungeheuerem Zirkel, der die Sterne,
wenn er die Welt absteckt, im Kreise streift,
entwirft er einen Plan für eine ferne

gewaltige Zeit, in die er traumhaft greift:
des Menschen Allmacht. Mit dem Zirkel kreist
er durch den Raum, berechnet und beweist.

MICHELANGELO

Wenn selbst der Stein, der harte, sich muß fügen, –
ich meißle ihm des Menschen Größe ein.
Es lebt der Stein, er lebt mit Menschenzügen,
und auf den Menschen blickt sein Bild aus Stein.

Der Stein ist echt, es kann der Stein nicht lügen.
Es wächst der Stein, könnt ich ihm Kraft verleihn:
Wenn selbst der Stein nachgibt – welch Ungenügen! –,
wie sollte da der Mensch nicht bildsam sein?

Ist man ein Mensch, daß man in Steine flüchtet,
um eine Welt aus Steinen zu erbaun?
Sind mir die Berge dazu aufgeschichtet,

um eine neue Welt in Stein zu haun?
Damit sich einst der Stein zum Menschen wendet:
»Sieh her! In einem Stein bist du vollendet!«

RIEMENSCHNEIDER

Als er eines Tags, vorübergehend,
einen blindgestochnen Bauern sah,
sagte er: »Ich mach dich wieder sehend!«,
und er schnitzte ihn aus Holz, das ja

aus demselben Stoff war. Alle Lasten
schnitzte er, die solch ein Bauer trug,
ins Gesicht hinein, vom vielen Fasten
war um seinen Mund ein bittrer Zug.

Da das Werk für den Altar bestimmt,
um zu zeugen und um anzuklagen,
ließ den Bauern er die Kreuzlast tragen

als die Fahne, die ihm keiner nimmt.
Und der Bauer, der geblendet war,
sah mit großen Augen vom Altar.

In seiner Rhythmen hochgespannten Brücken
– Satzweiten dehnten sich wie die Prärien –
war er der Freiheit hymnisches Entzücken,
der Atem Lincolns strömte frei durch ihn.

Er trug ein Weltall hoch auf seinem Rücken.
Hat Herakles ihm solche Kraft verliehn?
So schritt er aufrecht, ohne sich zu bücken,
wenn oft die Last auch unerträglich schien.

Er aber wurde selbst emporgetragen,
als er auf seines Volkes Fundament
das Reich der Menschenfreiheit kommen sah.

Er sah d i e Zukunft vor sich aufgeschlagen.
Das Sternenbanner war sein Firmament.
O welch ein Glanz lag auf Amerika!

AN ELIZABETH BARRETT-BROWNING
1806–1861

Auf einmal fing –
da ich schon sinkend war – mich Liebe auf,
und ein ganz neuer Rhythmus stieg hinauf
mit mir ins Leben.
Elizabeth Barrett-Browning

Zu deinen Briefen nimm auch den. Erfahre
darin von einem, der, getrennt durch Zeiten,
dein später Freund ist. Lies den Brief, bewahre
ihn bei dir auf, – und wir, in unseren Weiten,

den undurchmeßbaren, beginnen nun
ein Zwiegespräch. Du sprichst aus deinem Schweigen
mich leise an. Ein Sicheinanderneigen
ist unser Wort, ein Beieinanderruhn. –

Zu deinen Briefen nimm den meinen hier.
Ich hab ihn dir in einer Zeit geschrieben,
darin, was dir gelang, nicht oft gelingt.

Du warst nicht eine Sehnsucht nur nach ihr,
du warst die Liebe selbst, das heilige Lieben.
Du bist ein Lied, das in uns weitersingt.

DANTE

Noch einmal scheint er wieder zu beleben
das Graun der Zeit, damit für alle Zeit
ein Zeichen steht. Er läßt die Erde beben
und öffnet sie, und alle Herrlichkeit

von ehedem zwingt er, sich abzufinden
mit ihrem Schicksal: Nimmerwiederkehr.
Er ruft die Toten aus den Gräbern her
und läßt des Auferstehens Hoffnung schwinden.

Er ahnt, was kommt; doch kann er zum Vergleich
nur Bilder brauchen, die der Zeit entnommen.
Er nimmt den Himmel, wie er überkommen,

und gründet dort ein neues Menschenreich.
Die Liebe thront auf einem Sternenbogen,
in Ringen von der Himmelsstadt umzogen.

BACH

Die Klänge zögern noch, als ob sie spähen;
sie fühlen vor und müssen wieder weichen.
Da fällt ein Ton: ein leises Glockenzeichen.
Die Klänge kommen so, wie Berge gehen,

und nichts hält stand. Sie brechen mächtig ein
in dich, in mich; sie nehmen uns gefangen
– man will nur Resonanz und Echo sein –;
sie führen uns, bis wir dorthin gelangen,

wo eine Aussicht ist; und alles das,
was um uns ist, rückt in das rechte Maß.
Die Klänge ordnen uns: so, das ist klein,

und das ist groß und ist nicht zu vertauschen.
Die Zeit ist groß, ein großes Rauschen.
Füg dich in ihre große Fuge ein!

WEGE

I

Ich gehe täglich meinen Weg, den gleichen;
und wie ich mich im gleichen Kreise drehe,
seh ich am Wege überall die Zeichen:
Hier ging ich, werd ich gehn, und gehe, gehe.

Ich zieh an mir vorüber in den Scheiben
und schau mich fragend von der Seite an:
Was wird von deinen vielen Wegen bleiben?
Wer bist du eigentlich, du fremder Mann?

Ich lasse mich auf meinem Weg begleiten
vom Schneegestöber und vom Sommerwind.
Es geht mein Weg durch jene fernen Zeiten,

die längst schon zeitenlos geworden sind.
Und oft auch bin ich meinen Weg gegangen,
als hätte sich ein Arm mir eingehangen.

2

Es war ein grüner Weg am Wiesenhang,
und leuchtend lag er in den Abendstunden. –
Ich geh den schneeverwehten Weg entlang,
um die verlorenen Spuren zu erkunden.

Wohin des Wegs? Halt ein in deinem Gang!
Bin ich indessen mir nicht selbst entschwunden
und ruf mir nach? – Ich rufe lang, o lang, –
ein letzter Ruf, – es hat sich nichts gefunden. –

Wie es undenkbar oft erscheint, daß je
ein Sommer war – sein blütenreiches Wehen
erscheint uns in der Winternacht als Sage –,

so kann ich jetzt nicht in mir weitergehen
und nicht dorthin gelangen, wo ich seh:
es führt ein Weg in ewig lichte Tage.

VERSUNKENHEIT

Wir lagen in der Wiese feuchtem Nest,
vergraben unsre Köpfe hart wie Stein,
dieweil die Sonne sank im kühlen West
in grauer Berge langgestrecktem Schrein.

Mit schnellen Vögeln Abendglocken flogen,
auf schwarzen Wegen schwankten Kinderreihn,
durch unsre Glieder weiche Gräser zogen,
in unsre Augen bogen Blumen ein.

Schon rauschte, Wassersturz, der Hunde Bellen,
all unsre Köpfe sanken auf den Grund
vergeßner Meere, überdeckt von Wellen.

Wir sanken staunend und mit offnem Mund –
und schwebten leicht durch ungeheure Hallen.
Rot leuchteten uns Pforten aus Korallen.

O WELCH EIN ÜBERMASS DES UNSAGBAREN

O welch ein Übermaß des Unsagbaren!
Wie viele Worte nicht mehr zu uns passen!
Die Hinterlassenschaft von all den Jahren
hat auch uns selbst als andere hinterlassen.

Wie viele Worte schemenhaft verblassen!
Wir sind nicht mehr dieselben, die wir waren.
Es gilt in dieser Zeit, sich kurz zu fassen.
Wir neigen stumm uns vor dem Unsagbaren.

In unseren Blicken brennen Flammenröten.
Wir alle wurden mit zu Grab getragen.
Wir fragen: Sagt, was ist mit uns geschehen?

Es schweigt uns an aus unsern Sterbensnöten. –
Und doch, – wir werden einmal alles sagen!
Wir werden einmal wieder auferstehen!

DIE TIEFSTE SCHAM

Wenn alle meine Tage wiederkämen,
all das, wovon ich längst schon Abschied nahm:
ich weiß, es würde mich Entsetzen lähmen
vor vielem, was nun mahnend wiederkam.

Vor vielem, vielem müßte ich mich schämen.
Wenn ich so dastünd, vor Entsetzen lahm,
da käm ein Tag und spräch: »Die tiefste Scham
empfinde nun! Sieh hier dein Volk, verstrickt

in Lüge, Knechtschaft! Feige Mörder schlagen
den Besten ab die Köpfe! Schäme dich!«
Ein Mörder hätt mich schamlos angeblickt.

Schwer, schwer hätt ich an seinem Blick zu tragen.
Der ungetanen Taten schäm ich mich.
Scham, mach mich stark! Laß mich das Höchste wagen!

NÄHE

Ich bin euch näher, ich, in meiner Ferne,
als ihr euch nah seid, die ihr dicht an dicht
beisammen seid. Aus meiner fernen Sicht,
wo täglich ich die Sehnsucht neu erlerne

und übe meinen Blick, weithin zu schauen,
bin ich euch näher, als mir je gelungen,
euch nah zu sein. Ich sehe Glück und Grauen,
der Seele Zwielicht, Menschheits-Dämmerungen. –

Zu nah gerückt, verrückt sich oft das Bild,
verliert den Blickpunkt und gerät ins Schiefe.
Dem Blick, mit Einzelheiten überfüllt,

verstellt ist ihm der Zugang in die Tiefe.
Weit hingetragen, flügelgleich und leicht,
reicht hin mein Blick, dem nichts bleibt unerreicht.

UNSTERBLICH IN DER STROPHE AUFGEGANGEN

Ihr rührt mich an und laßt so lang mich nicht,
bis ich euch dichte, Menschen ihr und Dinge.
Sagt, braucht auch ihr zum Leben ein Gedicht,
zum Fluge durch die Zeit des Verses Schwinge?

Ihr Berge auch und Ströme, aus der Ferne
winkt ihr mir zu, bis ich den Gruß erwidert.
Die Sonne läßt mich nicht, nicht Mond, nicht Sterne,
bis ich sie meinem Liede eingegliedert.

Hab ich vielleicht mein Leben ausgeliehn
und muß es als Gedicht zurückerstatten?
So heftig spür ich euch darnach verlangen,

daß es mir scheint, auch ihr steht in dem Schatten
des Todes, und auch ihr bezwingt nur ihn:
unsterblich in der Strophe aufgegangen.

O NACHT IST ES

O Nacht ist es, als blieb es ewig Nacht,
kein Stundenschlag verrückt die ewige Dauer,
ich liege jedem Windhauch auf der Lauer,
die Fenster sind, die Türen zugemacht,

und dennoch scheint das Zimmer grausam offen,
nach allen Seiten ist es aufgedeckt,
und wehend, wie aus durchsichtigen Stoffen,
sind Türen, Wände. Nichts, das uns versteckt.

Aus der Umarmung ist die Lust geschwunden,
und ratlos sehen wir uns beide an.
Wer trennte uns? Wer stellte sich dazwischen?

Wer hat die Macht, sich in uns einzumischen,
und herrscht so übermächtig dieser Wahn,
daß er uns heimsucht in geheimsten Stunden?

TRÄNEN DES VATERLANDES
Anno 1937

I

O Deutschland! Sagt, was habt aus Deutschland
ihr gemacht?
Ein Deutschland stark und frei? Ein Deutschland
hoch in Ehren?
Ein Deutschland, drin das Volk sein Hab und Gut
kann mehren,
auf aller Wohlergehn ist jedermann bedacht?

Erinnerst du dich noch des Rufs: ›Deutschland erwacht!‹?
Als würden sie dich bald mit Gaben reich bescheren,
so nahmen sie dich ein, die heute dich verheeren.
Geschlagen bist du mehr denn je in einer Schlacht.

Dein Herz ist eingeschrumpft. Dein Denken ist mißraten.
Dein Wort ward Lug und Trug. Was ist noch wahr
und echt?
Was Lüge noch verdeckt, entblößt sich in den Taten:

Die Peitsche hebt zum Schlag ein irrer Folterknecht,
der Henker wischt das Blut von seines Beiles Schneide. –
O wieviel neues Leid zu all dem alten Leide!

2

Du mächtig deutscher Klang: Bachs Fugen und Kantaten!
Du zartes Himmelsblau, von Grünewald gemalt!
Du Hymne Hölderlins, die feierlich uns strahlt!
O Farbe, Klang und Wort: geschändet und verraten!

Gelang es euch noch nicht, auch die Natur zu morden?
Ziehn Neckar und der Rhein noch immer ihren Lauf?
Du Spielplatz meiner Kindheit: wer spielt wohl heut darauf?
Schwarzwald und Bodensee, was ist aus euch geworden?

Das vierte Jahr bricht an. Um Deutschland zu beweinen,
stehn uns der Tränen nicht genügend zu Gebot,
da sich der Tränen Lauf in so viel Blut verliert.

Drum, Tränen, haltet still! Laßt uns den Haß vereinen,
bis stark wir sind, zu künden: »Zu Ende mit der Not!«
Dann, Farbe, Klang und Wort, glänzt, dröhnt und jubiliert!

DIE EINE ZEILE

Die e i n e Zeile –: wieviel Leiden galt
es durchzustehen bis zu dieser einen!
Es mußte viel sich scheiden und vereinen,
bis sie erstand in ihrer Wort-Gewalt.

O viele, viele Jahre ist sie alt.
Und mag sie mir auch noch so neu erscheinen,
so habe ich doch lang gedient der einen,
der einen Zeile werdenden Gestalt.

Wieviel des Dunkels bis zur lichten Stärke
der einen Zeile! Keine Spuren zeigen
die Mühen an, die waren hier am Werke. –

Wieviel des Unsagbaren, welches Schweigen!
Der Wahrheit Ganzes, wovon alle Teile
wie trunken sind: in einer, einer Zeile!

O SCHAUEN

O Schauen! Ausschau halten stundenlang!
O schweigendes Fernblicken! Großes Schauen!
Wenn leuchtend schmilzt beim Sonnenuntergang
das Gold der Türme, überhöht vom blauen

durchsichtigen Äther, und die Berge schweben
ganz leicht und wie gelöst von ihrem Grund.
O tiefes Schauen in das neue Leben!
O fernhin Sprechen bei geschloßnem Mund!

In unsern Augen ist ein solches Schauen,
und nimmermehr verliert sich dieser Blick,
den viele, viele in die Ferne richten.

O Augen, noch beschlagen von dem Grauen,
das sie verdunkeln möchte: unser Glück
wird sichtbar dort, wo wir die Heimat sichten.

DAS BILD

Und ich betrat die große Galerie.
Und endlos wandernd durch der Säle Flucht,
sah ich die Bilder – sah ich sie noch nie? –.
Ein altbekanntes hatte ich gesucht.

Dort hing es, dort, an der bestimmten Stelle.
Ich stand vor ihm, – es war das alte nicht.
War es verwandelt durch die Tageshelle?
Ich wartete und stand im Dämmerlicht. –

Und ich schlug nach, schlug nach den Katalog,
mich vergewissernd. Wieder blickt ich hin.
Und wieder war es, daß sich mir entzog

der Sinn des Bildes, und ein neuer Sinn
schien farbenreich mich daraus anzustrahlen, –
als würde es sich ewig weitermalen.

DAS TRUNKENE SONETT

O, ich bin trunken von der Trunkenheit
des neuen Lebens! Kann nicht an mich halten.
Ich möchte dehnen mich und mich entfalten
und möchte Stimme sein auch eurer Zeit!

Ich komm weit her aus der Vergangenheit.
Ich fühlte mich bedrängt in meinen Engen.
Die Form durchrüttelt dieser Widerstreit,
als würde er die alte Form mir sprengen.

Ich lebe nur die vierzehn kurzen Zeilen
und möcht verweilen, möchte nicht so eilen.
Ich möchte sein ein trunkener Gesang,

frei strömend und begrenzt nicht in der Länge.
Sagt: oder leb ich viele Leben lang
der Kürze wegen und dank meiner Strenge?

ALLNÄCHTLICH

Allnächtlich. Weithin neige ich das Ohr,
um dich, geliebte Stimme, zu empfangen.
Es ist, als blühe zitternd sie hervor,
und herrlich ist sie in mir aufgegangen.

Mir Botschaft bringend, ferner Weltenlaut,
wirst du mich wieder durch die Nacht geleiten.
Mit deiner Wahrheit machst du mich vertraut,
um sie in mir für alle auszubreiten.

So ordnen sich die Verse zum Gedicht.
Sie zeigen sich in ihrer strengen Fülle.
Wie stark sie sind! Wie stark sind sie bewacht!

Denn über ihnen wacht des Volkes Wille.
Und alle fordern sie: »Es werde Licht!«
Die Zeiten dämmern. Wir sind Glut und Macht.

AN MEIN KIND

Ich rufe nicht: »Komm zu mir her!«,
hör ich dich auch von ferne schrein.
Was kann ich tun? Wer bin ich, wer?
Ich kann heut nicht dein Vater sein.

Dir selbst muß ich dich überlassen,
doch dazu bist du viel zu klein.
Ich kann die kleine Hand nicht fassen.
Ich kann heut nicht dein Vater sein.

Wohl mancher spricht: »Es wär die Pflicht«, –
– doch andre Pflicht geht vor indessen.
Wer bin ich, wer? I c h – bin es nicht.

Der ich nicht bin, hat dich vergessen.
Du kannst, weil wir vergessen sind,
mein Kind nicht sein. Mein armes Kind!

TRAUM VON DER HÖRBAREN STIMME

Mir war, als stünd ich nachts in einem Raum
unendlich weit. Ich konnte weithin sprechen.
So stand ich, überwölbt von Sternenflächen.
Ich sprach zu Deutschland, sprach weithin im Traum.

Ich konnte meine Stimme weithin strecken.
Sie reichte bis in die Unendlichkeit.
Mein Wort, mit Wucht euch aus dem Wahn zu wecken,
schlug mitten in der Nacht: »'s ist Zeit, 's ist Zeit!«

Ich sprach am Rhein. Ich sprach zum Odenwald.
Ich sprach in München, sprach ganz ungestört.
Und kaum, daß meine Stimme war verhallt,

da sang ein Chor: »Wir haben dich gehört!«
Und Nacht und Raum und hoher Sternenglanz,
sie sangen jubelnd mit als Resonanz.

AUF EINE SÄNGERIN

Es gibt im Volkesmunde
wohl Märchen ohne Zahl.
Sie alle in der Runde
beginnen: Es war einmal …

Ein Nachtlied, vor dem Schlafengehn gesungen,
es flüstert heimlich in die Nacht herein,
und leicht, wie eine Wiege angeschwungen,
schwebt Haus an Haus und wird bald dunkel sein.

Es hat sich eine Stimme müd gegangen
durch Schluchten, Wald. Ein weher Abschied winkt
aus einem Lied. Nun schläft es traumumfangen,
still. Eine Stille, die in sich versinkt.

Wie Cellohauch in dieser nächtgen Stunde
weht uns dein Lied aus ewiger Weite her
und rührt uns an. Wir aber sind nicht mehr.

Und fern, auf einem zeitenlosen Grunde,
vereint mit deiner Stimme zum Choral,
summt in uns fort das Lied: Es war einmal …

NACHT

Es dämmert kühl herauf. Die dunkle Blüte
der Nacht beginnt sich schwebend zu entfalten,
als ob die Nacht wie je ein Rätsel hüte
und würd es ewiglich für sich behalten.

Kein Tag ist einem andern so verwandt,
wie eine Nacht verwandt ist ihresgleichen.
Ein Tag ist täglich neu und unbekannt.
Doch jede Nacht scheint weit zurückzureichen

in Nächte, so wie sie vor tausend Jahren
gewesen sind, voll Mond und Sternenfeuern.
Die Nächte können sich nicht mehr erneuern.

Sie blieben die, die sie gewesen waren.
Mein Tagewerk, gedichtet und gedacht,
prüf du es, Nacht, du aller Nächte Nacht!

O KRAFT DER KÜHLEN WELLEN

O Kraft der kühlen Wellen, die der Fluß
mir überwirft, daß tief sie mich durchdringe
und daß ich wie verjüngt, aus einem Guß,
dem Kräftespiel der Wellen kühn entspringe!

Du kühle Strömung einer Lebenskraft,
der ich mich, wie es scheint, zum Opfer bringe
und darin flute, selber wellenhaft,
als willenlose Welle weiterschwinge:

o Kraft, der ich mich staunend hingegeben,
wie leichthin sie zu tragen mich vermag!
Und wenn ich bis zum Grunde niedertauche,

schnellt sie mich hoch. Mit jedem Atemhauch
begrüße ich, umschmiegt von Wellenschlag,
das weidengrüne, ufernahe Leben.

DER BLICK DES GENIES

Wie die Natur sich selbst ins Auge schaut
und sich verwundert schaut mit Traumesblicken:
ein Blick, darin es dämmert, blitzt und blaut,
um sich dann allen Blicken zu entrücken.

Ein Blick, der prüft und blickend sinnt und mißt
und der vorausblickt unermessene Strecken,
um in Zeit-Fernen, was ein Punkt nur ist,
als eine feste Größe zu entdecken.

Ein Blick: in einem Blick das Weltgeschick!
Er aber schließt sich über Dämmergründen.
Er blickt nach innen und durchblickt das Nichts.

Und wieder öffnet sich ein tiefer Blick,
um beinah blicklos eines Weltgerichts
künftiges Urteil schweigend zu verkünden.

EINE GRABINSCHRIFT

Weh mir, vergießt ihr Tränen je um mich!
Dann muß auch ich in meinem Grabe weinen,
und weinen bitterlich und ewiglich,
denn auch im Tode blieb ich bei den Meinen.

Seh Wolken wandern und die Sonne scheinen,
und jede Frühlingsfreude freut auch mich,
bin mit euch sommerlich und winterlich;
und da weint ihr und bringt auch mich zum Weinen!

Ich wünsche mir, daß ihr es besser macht
und ihr vollendet, was uns ist mißlungen.
Genug des Leids hat mich mit euch vereint.

O haltet mich im Tanze mit umschlungen!
Gedenket mein, indem ihr glückhaft lacht!
O blieb ich von den Meinen unbeweint!

DAS NICHTS

I

Wie ein Geheimnis Davon-spricht-man-nicht
und vor sich selber strengstens zu verwahren,
ein jedes Wort versagt, das davon spricht:
O Nichts, du Dämmerreich des Unsagbaren!

Als sollte ich die Wahrheit nicht erfahren,
entzieht das Leben mir dorthin die Sicht.
Kann nur das Leben es uns offenbaren,
was nicht zutiefst dem Leben widerspricht?

– Und hat nicht jede Zeit auch ihre Schicht,
die zu durchdringen ist uns nicht gegeben? –
Versucht, des Lebens Schwerkraft aufzuheben,

entschwebe ich: Nichts-Unergründbarkeit!
Beschwert von Leben – welch ein Schwergewicht! –,
fiel ich alsbald zurück in Raum und Zeit.

2

Erhob ich mich je über Raum und Zeit?
Nein, raumgebannt blieb ich und zeitbefangen,
und nur ein ungestümes Traumverlangen
enthob mich meiner eigenen Nichtigkeit.

Dem Nichts zum Trotz aus Nichts hervorgegangen,
hab ich, Gestalt, mich mit dem Nichts entzweit.
Wie von des Nichts Unendlichkeit umhangen,
hat die Gestalt sich von dem Nichts befreit.

Inmitten der Vergängnis ewigem Walten,
das Nichts bejahend, um es zu verneinen,
steh ich dem Nichts entgegen mit Gewalt.

– Hat sich ein Abgrund in mir aufgespalten? –
Mag auch der Tod mich mit dem Nichts vereinen,
ich werde sein, jahrtausendalt: Gestalt.

DAS ALLES

Das alles: Flüsse, wälderreiche Schluchten,
und von den Bergen aus ein weiter Blick
bis zu dem Meer, auf seine blauen Buchten,
und Meer und Himmel sind aus e i n e m Stück, –

das alles, was wir nur im Traum besuchten
und traurig kehrten wir danach zurück
und sahn uns traumverlassen an und fluchten,
wir fühlten uns betrogen um das Glück, –

das alles wird einst dein sein. Noch viel blauer,
als du es ahnst, wird blauer Himmel sein.
Die Sonne scheint. Es ist, als ob ein Schauer

von Wärme strömt in alle Wesen ein.
Und wenn du sagst: »Du Sonne!«, ists ein Zeichen,
daß du dann wirklich sprichst zu deinesgleichen.

MAULBRONN

Ein Brunnen fließt, er fließt woher, wohin?
Er rauscht durch Mauern, rauscht durch alle Gänge.
Es rauscht das Meer in ihm, es rauscht die Länge
der Zeit in ihm, er fragt mich, wer ich bin.

Ein Brunnen fließt, er fragt: Woher, wohin?
Er rauscht mir zu vergangenes Gepränge,
rauscht Orgelklang und heilige Gesänge
und rauscht und fragt: Was ist der Zeiten Sinn?

Ich sprech mit ihm. Ich sitz am Brunnenrand.
Er fließt mir zu. Er rauscht mir seine Frage.
Ich trink und halt sein Wasser in der Hand:

Fließ in die Zukunft, meld uns dort als Sage,
meld, daß ich einst zu dir gekommen bin
und nannte dir den Sinn, der Zeiten Sinn.

OBERBAYRISCHE HOCHEBENE

Kornfelder. Und ganz hinten an dem Rand
ziehn Pappeln hin, dort, wo die Straße schleift
die Ebene aufwärts. Aus dem Walde greift
ein Mast heraus. Draht schwingt ins Land.

Dies alles menschenleer und unnahbar.
Die Wolken, drin die Berge sich verstecken,
schon donnernd. Kläglich läutet die Gefahr
ein Kirchlein an. Die Pappelreihen schrecken

im Windstoß auf, schräg hingestreift vom schweren
Gewölk. Die Straße wird gehoben
in Säulen Staubs. Und plötzlich Stille wieder.

Dann rauschts im Raum. Wie weggewischt die Ähren.
Die Blitze hängen schon in Bündeln oben.
Der Mohn winkt noch. Da schlägt der Hagel nieder.

DEM SCHWARZWALD ZU

Dem Schwarzwald zu schlägt plötzlich um der Wind.
Gewölke harzigen Dufts. Wie überzogen
vom Wald ist alles. Doch der Wald beginnt
noch lange nicht. Fern siehst du seine Wogen

bewegungslos gelagert. Welch ein Wald,
wenn er so abends daliegt! Macht dich klein,
unscheinbar, denn du weißt, dein Schritt verhallt
in seinem Raum, und keine Spur wird sein.

Der Wald kommt auf dich zu. Und freier läßt
der Wald dich atmen, ja du wächst durch ihn
zum Wipfel auf, schlägst wieder Wurzeln fest.

Vereint siehst du, im Tannen-Immergrün,
des Himmels und der Erde Widerschein.
Der Wald kommt auf dich zu. Kehr in ihm ein!

CARONA IM TESSIN

Mein Süd-Traum. Blau wie Lapislazuli
liegt tief der See, weich eingefaßt von Felsen.
Der See scheint alles in sich einzuschmelzen.
O blaue Glut! So blau war sie noch nie.

Der Himmel oben kann nicht blauer sein,
und angstvoll still ist es. Wenn eine Grille
im Gras sich regt, wächst regungslos die Stille. –
Hier könntest du nicht glücklich werden, nein,

nicht glücklich nur, hier wär Glückseligkeit.
Hier könnten in den Hainen und den Auen
die Menschen sich ergehen. Dargebracht

ist ihnen alles. Schauen nur und schauen,
ausschauen, schauen in die Ewigkeit.
Die Nacht ist groß wie eine Weltennacht.

DINKELSBÜHL

Du meine Herkunft! Stadt, in der vor Zeiten
die Väter lebten: Reichsstadt Dinkelsbühl!
Ich sehe dich von ferne mich begleiten,
mein Giebeldach, mein Dom, mein Marktgewühl.

Mit dir ward ich erbaut, mit dir zerstört,
du Stadt voll Krieg, du Stadt voll Pest und Pocken!
Welch Aberglaube hat dich nicht betört!
Schwermütig dunkel hallen deine Glocken.

Du meiner Herkunft Stadt! Wie ich zerschunden!
Du Stadt des Leids, verworfen und verdammt!
Ich kenn mein Leid und weiß, woher es stammt.

Und wenn, zu seiner Herkunft heimgefunden,
dies Leid sich wieder meldet mit Gewalt,
so ist es tief, es ist jahrhundertalt.

TÜBINGEN UND DIE HARMONIE

Könnt ich so dichten, wie hier alles klug
verteilt ist! Jedes steht an seiner Stelle.
Des Dunkeln nicht zuviel, genügend Helle;
die Burg, die Brücke und der Straße Zug

zur Burg hinauf; verborgen nicht zuviel
und sichtbar doch nicht alles. Auch die Wellen
des Neckars halten Maß; in ihrem Spiel
erscheint das Meer schon, und zugleich der Quellen

Ursprung ist spürbar. So geordnet ist
dies alles, einfach und doch reich gegliedert
wie ewiges Gespräch. Darin vermißt

man keine Stimme. Alles wird erwidert.
Zur Brücke spricht die Burg. Die Brücke spricht
hinab zum Fluß. Ins Dunkle spricht das Licht.

FÜR DIESEN BLICK

Für diesen Blick: von Meersburg übern See,
ein fließend Blau, von Rebengrün umhangen,
der Säntis wie ein Felsgewölk, von Schnee
zart übersilbert, – welch ein Heimverlangen

in diesem Blick und welch ein Abschiedsweh! –
In diesem Blick ist alles eingefangen,
was heimatlich durchträumte uns seit je, –
in diesem Blick ist alles aufgegangen,

was uns die Zeit erfüllte schwermutbang, –
für diesen Blick bin ich in Leid ergraut
und trug ich einer Fremde Mißgeschick, –

für diesen Blick – von diesem Blick durchschaut –
hielt ich nicht inn im Gang, mein Leben lang,
für dieses Blickes ewigen Augen-Blick.

DIE UNBEKANNTE AUS DER SEINE

Dein Lächeln überzieht oft meinen Mund,
und mein Gesicht scheint deinem angeglichen.
Auch ich bin so wie du aus tiefem Grund
emporgetaucht; die leichten Wellen strichen

darüber hin, wo ich im Dunkel trieb.
Ich habe nichts von einem Tag besessen,
gebettet lag ich kühl im Welt-Vergessen,
und nur ein Lächeln, nur dein Lächeln blieb. –

Dein harter Mund hat endlich nachgegeben,
und dieses Lächeln zeichnete sich ein,
und alles Schwere hat es abgewiesen,

als würde dies das gute Ende sein:
ein Lächeln. Laß dein Lächeln mich umschweben!
So lächelst du mich an, du ewiges Fließen.

VERGESSEN

•

Vergiß mich, bitte! Laß mich dich vergessen!
Wir wollen unsre Herzen nicht zerschneiden.
Wir wollen unsre Schuld nicht kleinlich messen
und uns die letzte Stunde nicht verleiden.

Wir schweigen beide. Es gehört uns beiden
jetzt alles, was wir beide nie besessen;
und was uns trennte, ist nicht mehr, indessen
wir Abschied nehmen und für immer scheiden.

Du weißt so gut wie ich, vielleicht nach Jahren
kommt wieder zwischen uns dieselbe Stille.
Wir suchen voneinander zu erfahren;

du bist mein heißer Wunsch, ich bin dein Wille.
Doch werden wir uns nur als Bilder zeigen,
und stille ists, so still wie jetzt. Wir schweigen.

SCHMERZENSTAG

Ich muß den Schmerz vorauszudenken wagen,
der fernher sich uns naht. Wer von uns beiden
wird ihn zufügen? Wer muß ihn erleiden?
Ich muß zudem auch deinen Schmerz ertragen.

O, diesen Tag, der unsern guten Tagen
ein Ende setzt, da wir für immer scheiden,
muß ich an jedem Tag voraus erleiden,
von seiner Todesstille wie beschlagen. –

Was heimlich flüsterte in unsern Herzen,
was kaum bedacht war, kaum bemerkt, indessen
ein Tag verging – die Tage nahmens fort –:

entdeckt d e r Tag – und offenbart in Schmerzen
das Unscheinbarste. Jedes Liebeswort
entreißt er, blutigen Fetzen, dem Vergessen.

DU

Dich zu vergessen, bin ich oft bemüht.
Als ob sich dies Vergessenwollen räche,
kommst du im Traum und zwingst dich in mein Lied,
und plötzlich ists, als ob ich mit dir spreche.

Du, die ich nie durch einen Witz verriet,
die immer da ist, wenn ich niederbreche,
und ihre Stärke einhaucht meiner Schwäche,
und die ich wieder, wenn ich stark war, mied, –

ich bin beruhigt, daß du da bist, du.
Du wirst nicht müd in mir, gibst keine Ruh;
du lebst in mir, als seist du ein Gewissen.

Wir sind getrennt, doch was ists, was uns trennt?
Denn alles, was ich tu, dich kennt und nennt.
Vermissend dich, kann ich dich nicht vermissen.

HEIMKEHR

In deiner Haare goldenem Verwehn
sah Garbengold ich wieder auferstehn.

I

Als Schnee des Alters mir das Haar schon bleichte
und ich, von irrer Traumfahrt heimgekehrt,
das Land, das unerreichbar schien, erreichte
– wie lange war der Eintritt mir verwehrt! –,

als mich der Wind umstrich, der frühlingsleichte,
und sich erfüllte, was mein Herz begehrt,
als ich, was unerreichbar schien, erreichte
– o Heimkehr-Glück, mehr als ein Leben wert! –:

da trat, das Glück der Heimkehr zu vollenden,
ein hohes Licht-Bild über meine Schwelle,
und als ich staunend dieses Bildnis sah,

erhob ich mich verjüngt in seiner Helle;
die Heimat schien sich ganz mir zuzuwenden,
und eine Nähe war, unendlich nah.

2

Welch ein Verwachsensein! Als wären wir
uns zugewachsen schon seit Anbeginn.
Seit damals, als ich wuchs, wuchs ich in dir;
und wie ich mit dir aufgewachsen bin

und wuchs zu dir hin, fern, an fremdem Ort,
bist du mir zugewachsen schon seit je.
So wachsen wir noch immer in uns fort,
bleicht auch das Haar mir schon des Alters Schnee.

Ich habe mich in dir emporgerankt,
du strebtest auf in mir wie eine Ranke
und hast mit dir mein Wesen ganz durchzogen.

Was hast du mir, was hab ich dir verdankt?
Bis wir uns endlich ineinanderbogen:
e i n Wachstum, und e i n Herz, und e i n Gedanke.

AN DIE DICHTER DES ERSTEN DREISSIGJÄHRIGEN KRIEGES

Mich wandelnd in der Not, ward ich euch mehr und mehr
verwandt, ihr Dichter, die, von Leid und Tod umfangen,
die Welt habt tief durchschaut; denn nur im Todesbangen
der Zeit sich offenbart, wer jeder ist und wer

der Leiden Bürde trug – war sie auch allzu schwer
und schien zu lang der Weg, als daß wir heim gelangen –;
der aber ist geweiht und auserwählt ist er,
das ewige Sakrament der Wahrheit zu empfangen.

Nur wer darniederliegt, der weiß um ein Erheben,
und nur der hat Bestand, der vor dem Nichts besteht
und kann sich als Gestalt dem Nichts entgegenstellen.

Nur wer dem Tode nah, durchlebt das ganze Leben.
Es erntet Früchte nur, wer Tränen ausgesät.
Nur wer das Dunkle sah, vermag es aufzuhellen.

WIR DICHTER DES ZWEITEN DREISSIGJÄHRIGEN KRIEGES

Wir Dichter einer Zeit, die blutig uns durchschwärt,
ein widerlich Geschwür, im Kriege aufgegangen,
der dreißig Jahre schon in unserer Mitte währt
und der uns hat erfüllt mit Sehnsucht und Verlangen,

daß eine Zeit einst naht, da unsere Zeit, verjährt,
sie einer Sage gleicht, gewitterschwer umhangen, –
o Traum, von ihm durchträumt, schien es uns lebenswert,
am Ende einer Zeit von neuem anzufangen.

Es hat die Zeit in uns ein Ende sich gesetzt.
Wir waren, wandelnd uns, der neuen Zeit Beginnen,
und oft ein Leuchten war, der Freiheit Morgenglanz.

Wir waren ein Geschlecht, geschlagen und gehetzt.
Es lehrte uns Verlust, uns selber zu gewinnen.
Wir weinten Tränen viel, – Tränen des Vaterlands.

ÜBER DAS SONETT

Ich hielt gar lange das Sonett-Geflecht
für eine Form, veraltet und verschlissen.
Die alten Formen habe ich zerrissen
und dichtete mir neue, schlecht und recht.

Die neuen Formen, waren sie denn echt?
und prägten sie der neuen Zeit Gewissen?
Die Form zu ändern allzusehr beflissen,
ward ich dem neuen Wesen nicht gerecht.

Wenn ihr die alten Formen so zerbrecht
und wenn ihr meint, ein neues Form-Gepräge
nur täte not, die alte Form sei träge

und durch Gebrauch und Mißbrauch abgeschwächt:
bedenkt, die neuen Formen, die beginnen,
entstehen uns kaum sichtbar und von innen.

AUF DEUTSCHLANDS TOTE IM ZWEITEN WELTKRIEG

Ein Sonettenkranz

I

Laßt einen Kranz um eure Stirn mich winden!
Ihr wart am Anfang, als noch unscheinbar
das Unheil war. Ihr saht das Heilige schwinden
von Jahr zu Jahr, und ihr saht die Gefahr.

Ein Ungeheures schien sich zu entbinden,
und drohend wuchs es fort von Jahr zu Jahr.
Euch ließ der Glanz des Unheils nicht erblinden,
und weithin sehend wart ihr und saht klar.

Ihr wart die ersten. ›Auf der Flucht erschossen‹,
von Mordkommandos an die Wand gestellt.
Ein heiliges Sterben war in euch geschlossen.

So widerstandet ihr dem Unheil – ganz.
Ihr tragt, der ewig euch am Leben hält,
des zwanzigsten Jahrhunderts Dornenkranz.

2

Des zwanzigsten Jahrhunderts Dornenkranz –.
Auch deine Stirn sei, du mein Freund, umwunden.
O, es erhob dein Geist sich als Monstranz
und leuchtete. In jenen lichten Stunden

schien es, als könnte Deutschland noch gesunden.
Und in der Stunde noch des Reichstagsbrands
hast du ein Wort des Trosts für mich gefunden.
Du sprachst gelassen jenes Wort: »Man kanns«,

als ich dich zögernd fragte: »Kannst du sterben?«
Dann gingst du hin, ich sah dich fern entschwinden,
du ruhtest nicht, zu sammeln und zu werben,

und standest unten im Columbia-Haus,
und schwiegst dich aus, schwiegst dich für immer aus. –
Durchblickt bin ich von Augen, deinen blinden.

3

Ihr, die ihr mich durchblickt mit euren blinden,
entleerten Augen, – ihr, die ihr ungenannt
gefallen seid in jenen Kellergründen
der Folterkammern – brüderlich verwandt

mit mir –, o euer schweigendes Verkünden!
Bekenner, deren Schweigen hat bekannt
zur Wahrheit sich, und in der Sinne Schwinden
habt ihr an uns noch einen Gruß gesandt.

So wacht ihr, um uns wieder zu beleben,
wenn einer müd die Hände sinken läßt.
Ihr tragt um eure Stirn den Dornenkranz.

Ihr haltet uns an unserm Leben fest. –
Ein Glanz. Es ist, als würde uns umschweben
entleerter Augenpaare weher Glanz.

4

Entleerter Augenpaare weher Glanz –.
Ich ging mit euch auf den geheimen Wegen
und dachte stets an jenes Wort: ›Man kanns‹,
ich war bei eurem letzten Gang zugegen,

da aufrecht, ungetroffen von den Schlägen,
ihr tratet vor das Fallbeil, um, noch Manns
genug, das Haupt stolz auf den Block zu legen,
den Blick ins Leere eines Niemandlands.

So gingen viel der Besten schon verloren,
bevor das Unheil sich erfüllte ganz. –
O Müdigkeit, die manchmal mich befällt!

O Sehnsucht, daß ich wäre ungeboren!
O heilger Traum von einer andern Welt!
Verlorne Sehnsucht, müd vom Totentanz –.

5

Verlorne Sehnsucht, müd vom Totentanz –.
Nun erst begann des Todes großer Reigen.
O deutschen Sterbens ewiger Dornenkranz!
O Dichter, sieh die Stirnen, die sich neigen,

und wie sie auf die dunkle Frage schweigen:
Wofür? Warum? – Nicht eures Vaterlands
Gefahr hat euch als Helden sich zu zeigen
berufen und verlieh des Ruhmes Glanz, –

ein Wahnwitz hat euch in den Tod getrieben.
Wo seid ihr, all ihr Lieben, mir verblieben?
Sagt, ist es so: gibt es kein Wiederfinden?

Gibt es nur eins: ein Nimmerwiedersehen?
Und alle Spuren müssen uns verwehen? –
Regt ihr euch leis nur in den Abendwinden? –

6

Regt ihr euch leis nur in den Abendwinden
und flüstert uns von Anno dazumal, –
dort tanztet ihr in einem Wirtshaussaal,
schön ausgeschmückt mit frischen Laubgewinden.

Wer war es, der zu sterben euch befahl,
und konntet ihr euch nicht vom Eid entbinden?
Ich weiß, auch noch die Toten leiden Qual
und können so lang keine Ruhe finden,

bis ihrem Tode wurde nicht ein Sinn.
Laßt eurem Tode einen Sinn uns geben,
sonst fragt ihr immerzu: »Sagt uns, wohin

sind wir gestorben, in ein ewiges Leben?« –
Tanzmelodie. Ist es ein Totentanz,
umflüsternd uns, ein Hauch des Niemandlands?

7

Umflüsternd uns, ein Hauch des Niemandlands,
berichtet ihr von unsagbarem Grauen.
Wer kann dem andern sich noch anvertrauen?
Sind wir nicht allesamt verdorben ganz?

Wer kann dem andern in die Augen schauen?
Wer klatschte Beifall nicht zum Totentanz?
Und wurden nicht die Besten selbst zu Lauen?
Wer wurde nicht ein Dorn im Dornenkranz?

Vor euch, ihr Toten, sind wir allesamt
gerichtet, und zu ewigem Tod verdammt
sind jene, die in das Vergessen fliehn

und hoffen, die Erinnerung werde schwinden.
Ich aber muß auf euren Gräbern knien.
Ich aber ruhte nicht, euch aufzufinden.

8

Ich aber ruhte nicht, euch aufzufinden,
und machte mich mit eurem Tod vertraut.
Ihr regtet euch leis in den Abendwinden
und mahntet mich im dunklen Glockenlaut.

Da stand ich still und hab mich umgeschaut.
Ich mühte mich, den Abgrund zu ergründen
und eure heilige Botschaft zu verkünden,
und wurde euresgleichen, leidergraut.

Ich habe meinen Tag mit euch verbracht.
Ich habe meine Nacht mit euch durchwacht.
Ihr Toten nahmt mich auf in eure Reihn.

Ich ließ mein Leben, um mit euch zu ziehn.
Daß unter Toten ich dem Leben dien,
ging ich euch nach durch Leichenwüstenein.

9

Und ging euch nach durch Leichenwüstenein –.
Weithin die Panzer lagen, rostige Scherben,
Geschütze gruben sich im Boden ein,
und alle sie erzählten vom Verderben,

das hier begab sich, – unsagbares Sterben.
Ein Stahlhelm, einsam, umgestülpt wie ein
Gefäß, und da und dort auch ein Gebein;
es schien noch bleicher sich als bleich zu färben.–

Ihr, die ihr sucht die Toten, hört: wir fanden
nicht Grab, nicht Kreuz. So ging ein Heer zuschanden.
Wir können nur das Angedenken retten.

Wie vieler Toter gilt es zu gedenken!
Laßt uns die Blicke tief zur Erde senken,
und laßt uns niederknien auf Trümmerstätten.

Und kniete nieder auf den Trümmerstätten
der großen Städte. Sterben andrer Art.
Verschollenes Sterben, vormals in den Betten,
da sich ein letzter Wunsch noch offenbart, –

hier aber starben sie, um sich zu retten
vorm Feuertod, den, der mit ihm gepaart,
den Tod, der sie erstickte, so, als hätten
sie sich für den vor jenem Tod bewahrt.

Ihr, die ihr hingerichtet seid von Bomben,
und noch verhüllt seid ihr von Staublawinen,
ihr Trümmerstädte, – welch ein Sterben spricht

uns unvergeßlich an aus den Ruinen!
Ein Sterben schluchzt herauf aus Katakomben. –
Wir sahen uns einander ins Gesicht.

11

Wir sahen uns einander ins Gesicht:
du Flüchtling, du, am Ende deiner Reise,
zu lang war sie, zu schwer war das Gewicht
der Bürde, und du lagst in deinem Kreise

am Feuer abends, und da sangst du leise,
bevor du starbst – so leis, wir hörtens nicht –,
die altvertraute heimatliche Weise,
und deine Augen sahen fern ein Licht. –

Auch ihr, ihr meine Toten, jedem, dem
das Schicksal zufiel, solches zu erleiden,
ihr, die ihr mußtet von der Heimat scheiden:

laßt mich ein Kreuz – und sei es noch so schlicht –
errichten euch in diesem Requiem!
Ihr, meine Toten, ihr seid mein Gericht.

12

Ihr, meine Toten, ihr seid mein Gericht.
Die Totenblässe läßt mich mit erblassen.
Ihr mein Gericht, das mich mitschuldig spricht,
denn hab ich euch nicht vor der Zeit verlassen,

und überließ ich euch dem Tode nicht?
Ich will mein Urteil kurz zusammenfassen
und sagen: Ich versäumte meine Pflicht.
Ich kann mich nicht aus eurer Haft entlassen.

Ihr auch, die ihr in der Gefangenschaft
gefallen seid, in fernen Lazaretten,
o aufersteht aus der Vergessenheit!

So lange bleib ich auch in eurer Haft.
Auch euer bittrer Tod sei eingereiht
dem Dornenkranz, geflochten aus Sonetten.

13

Ein Dornenkranz, geflochten aus Sonetten.
Laßt unermüdlich sein mich im Gesang,
um aus der Zeit ins Ewige zu retten
das Angedenken jener, die am Strang

gefallen sind. O kühne Schar, die drang
im Dunkel vor und sprengte auf die Ketten,
darein das Volk verstrickt war jahrelang!
Gedenket ihrer stets an heiligen Stätten!

Nicht rächen wir die Toten. Aus Gebeinen
soll Rache nicht erstehn. Es soll nur ein
uns wandelnd Weinen um die Toten weinen.

Wenn wir uns aber ungefährdet wähnen,
dann mahnt uns, Tote, sprecht uns an in Tränen!
Ein Tränenbild soll euer Denkmal sein.

14

Soll, Deutschland, deiner Toten Denkmal sein
ein Tränenbild, so denke ich auch derer,
die trugen schwer am Leben und noch schwerer,
als Frost und Hunger brachen auf sie ein.

Des Zimmers Eisloch, und ein Tisch, ein leerer.
So starben sie im eisigen Gestein.
Wohl dem, der schuldlos ist an aller derer
Geschick und gab das Seine: Mein ist Dein. –

Die ihr gefallen seid, ihr, Deutschlands Tote
im zweiten Weltkrieg – dreißig Jahre schon
währt das Verhängnis –, wann wird der Passion

ein Ende sein? Laßt uns ein Ende finden
in einem Anbeginn. Des bin ich Bote.
Laßt einen Kranz um eure Stirn mich winden!

15

Laßt einen Kranz um eure Stirn mich winden,
des zwanzigsten Jahrhunderts Dornenkranz!
Ihr, die ihr mich anblickt mit euren blinden,
entleerten Augen, nur ein weher Glanz

verlorner Sehnsucht, müd vom Totentanz,
regt ihr euch leis nur in den Abendwinden,
umflüsternd uns, ein Hauch des Niemandlands.
Ich aber ruhte nicht, euch aufzufinden,

und ging euch nach durch Leichenwüstenein,
und kniete nieder auf den Trümmerstätten.
Wir sahen uns einander ins Gesicht.

Ihr, meine Toten, ihr seid mein Gericht!
Ein Dornenkranz, geflochten aus Sonetten,
soll, Deutschland, deiner Toten Denkmal sein!

ANHANG

Aus dem Briefwechsel zwischen Anton und Katharina Kippenberg und Johannes R. Becher

A. Kippenberg an Becher

Frankfurt a/M., 3. IV. 1946
Medizinische Universitäts-Klinik

Sehr verehrter, lieber Herr Becher!

Kaum begann ich mich hier von einer schweren Bronchitis, die mich zu allem auch noch überfallen hatte, zu erholen, da kam neues Unheil: meine Frau, die ich mit einer Grippe in Marburg verlassen hatte, wurde mit einer beiderseitigen Lungenentzündung im Krankenwagen hierher gebracht. Angesichts ihres entsetzlich reduzierten Körperzustandes und da sie ja nun nicht mehr die jüngste ist, war die Lage *sehr* bedrohlich, und Tage schwerster Sorge liegen hinter mir. Seit heute aber scheint es etwas besser zu sein und ich darf wieder Hoffnung schöpfen. Ich komme mir wirklich vor wie Hiob und bin auf neue Unglücksboten gefaßt. Wieviel Mühe hat Gott den Menschenkindern gegeben!

Inzwischen ist ja die Lizenz erteilt, an Arbeit für viele Jahre fehlt es nicht, alles hängt nun vor allem von der Papierbeschaffung ab. Heute erhielt ich die *achte* Einladung einer großen Stadt, den Insel-Verlag dorthin zu verlegen – damit wäre der alte Homer um eine Pferdelänge geschlagen. Aber ich bleibe trotz aller Versprechen goldener Berge Leipzig treu, in dem ich ein halbes Jahrhundert lang gewirkt habe. Hoffentlich kann ich im letzten April-Drittel nun endlich fahren; vor der Reise freilich graut mir. Inzwischen wird, wie ich hoffe, nach meinen Anweisungen in Leipzig schon fleißig gearbeitet.

Mit herzlichen Grüßen auch von meiner Frau, die viel leidet und so sehnlich hofft, noch zu vollenden, was sie sich vorgesetzt hat, bin ich

Ihr
Anton Kippenberg

Sobald ich in Leipzig eingetroffen bin, lasse ich es Sie wissen.

A. Kippenberg an Becher

Frankfurt, den 5. April 1946
Medizin. Universitätsklinik
Eschenbachstr. 14

Lieber und verehrter Herr Becher,

Nachdem ich Ihnen eben geschrieben, erhielt ich Ihren Brief vom 27. März. Ich wäre Ihnen sehr dankbar, wenn Sie mir das Manuskript Ihrer Sonette nach Marburg schikken würden. Von dort geht alles mit Kurier hierher.

Tage der schwersten Sorge liegen hinter mir. Die doppelseitige Lungenentzündung meiner Frau führte vorgestern zu einer Krise, die nicht all zuviel Hoffnung auf Erhaltung dieses kostbaren, so Vielen teueren Lebens ließ. Seit gestern abend geht es gottlob etwas besser, und heute dürfen wir – auch meine Töchter, die ich hierher gerufen hatte – wieder Hoffnung haben. Was diese neue Prüfung auch für mich, der ich eben begonnen hatte, mich ein wenig zu erholen, bedeutet, brauche ich Ihnen nicht zu sagen.

Mit herzlichen Grüßen
Ihr
Anton Kippenberg

Becher an A. Kippenberg

Berlin, 15. April 1946

Lieber, sehr verehrter Herr Prof. Kippenberg!

Anbei übersende ich Ihnen in drei Sendungen die Sonette. Es ist selbstverständlich, daß dieses oder jenes Sonett, insofern es Ihnen mißfallen sollte, wegbleiben kann. Der Gesamteindruck kann ja dadurch nicht verlieren. Ich brauche Ihnen nicht zu sagen, daß ich dieses Buch für mein wichtigstes und repräsentativstes Buch betrachte.

Die Nachricht über den Gesundheitszustand Ihrer Frau hat mich tief betroffen, aber hoffentlich hält die Besserung an, und ich warte auf Ihren Brief, worin Sie mir die Genesung Ihrer Frau mitteilen. Sagen Sie ihr jedenfalls meine herzlichen Grüße.

Anfang Mai fahre ich nach München, Bodensee, Stuttgart und wenn Sie bis dorthin nicht nach Leipzig gekommen sein sollten, werde ich Sie vielleicht auf dem Rückweg in Marburg aufsuchen.

Nochmals Ihrer Frau und Ihnen alles Gute
Ihr
Johannes R. Becher

A. Kippenberg an Becher

Frankfurt a/M., 25. 4. 46

Lieber und verehrter Herr Becher,

ich weiß nicht, ob dieser Brief Sie noch in Berlin erreicht. Jedenfalls möchte ich Ihnen sagen, daß meine Frau nach drei furchtbaren Wochen, in denen ihr Leben an einem Faden hing, gerettet scheint. Aber sie ist noch unendlich schwach. –

Ich denke in acht Tagen nach Leipzig zu fahren. Wenn Sie durch Frankfurt kommen, so rufen Sie doch bitte im Krankenhaus an. Wenn sie, wie ich hoffe, dann wieder halbwegs bei Kräften ist, so wäre es ihr gewiß die *größte* Freude, Ihren Besuch zu empfangen.

Ach wieviel muß ein Mensch tragen!

Mit herzlichen Grüßen
Ihr
Anton Kippenberg

Berlin, den 11. Mai 1946

Liebe, sehr verehrte gnädige Frau!

Gestern habe ich nun Ihren Mann nach Jahrzehnten der Trennung in Leipzig wiedergetroffen. Es war, wie es ja nicht anders sein konnte, ein besonders herzliches Zusammentreffen, und ich bin wirklich glücklich darüber, daß ich in dieser schweren Zeit Ihnen und dem Verlag zur Seite stehen kann. Ihr Mann erzählte mir auch von Ihrer schweren Krankheit und wir alle dürfen es als ein Glück preisen, daß Sie diese so gut überstanden haben, und ich möchte Sie nur bitten, sich nun eine ausreichende Erholung zu gönnen. Ich hoffe sehr, daß ich bei meiner Reise nach Süddeutschland bei Ihnen vorbeikommen kann, und daß ich Ihnen persönlich alles das sagen darf, was ich auf dem Herzen habe.

Ihr Mann sprach mir von zwei Plänen, die die Veröffentlichung meiner Arbeiten im Insel-Verlag betreffen. Der erste Plan betrifft eine neue Ausgabe meiner früheren Gedichte, er fand auch den guten Titel ›Früheres Werk‹. Sehr einverstanden bin ich mit seinem Vorschlag, daß Sie, liebe, sehr verehrte Katharina Kippenberg, diese Auswahl selbst besorgen, und ich denke, daß diese Auswahl von ›Verfall und Triumph‹ über die im Kurt Wolff-Verlag und im Insel-Verlag erschienenen Bücher sich erstrecken soll. Ich selbst fühle mich nur sehr schwer imstande, solch eine Auswahl vorzunehmen, da ich wahrscheinlich heute zu negativ zu meiner Arbeit in der Vergangenheit stehe. Sie erscheinen mir als eine weitaus gerechtere Beurteilerin und Richterin dieser meiner Vergangenheit, und ich brauche Sie ja nicht zu bitten: Seien Sie unerbittlich und scheiden Sie alles das aus, was zu sehr dem damaligen Zeitgeist verhaftet war. Was einigermaßen bleibt, das Bleibende-Dichterische, und einzig nur das möge zusammengestellt und wieder veröffentlicht werden. Dabei spielt der Umfang keine Rolle. Ein Zuviel wäre zu wenig, und wenn es nur wenige Seiten wären, die wert sind, in die Gegenwart einzugehen, so hätte sich vielleicht Ihr Bemühen doch gelohnt. Ich vertraue jedenfalls mein früheres Werk ganz Ihnen an, ich habe die Gewißheit, es wird unter Ihrer Obhut gut werden.

Der zweite Plan betrifft meine Sonette. Sie liegen mir ganz besonders am Herzen, und es ist kein Zufallstitel, den ich dieser Sammlung gegeben habe: Wiedergeburt. Aber auch hier bin ich einverstanden damit, daß das zu sehr politisch Zugespitzte weggenommen werden soll, damit sich in dieser Richtung eine spätere Ausscheidungsarbeit erübrigt. Auch hier sollen Sie völlig freie Hand haben. Ich werde Ihnen zur gegebenen Zeit dann noch einige neue Sonette schicken, die das Ausgeschiedene ersetzen könnten.

Meine Rückkehr in den Insel-Verlag ist für mich gleichbedeutend mit meiner Heimkehr nach Deutschland. Ich konnte mir in den zwölf Jahren außerhalb Deutschlands eine Heimkehr ja gar nicht anders vorstellen als in Verbindung damit, daß Bücher wieder von mir im Insel-Verlag erscheinen. Darüber möchte ich Ihnen allerdings am liebsten mündlich berichten, und die Möglichkeit, Sie wiederzusehen, ist nun doch endlich in eine greifbare Nähe gerückt.

Bis dorthin seien Sie herzlichst gegrüßt
immer Ihr
Johannes R. Becher

Becher an A. Kippenberg

Berlin, den 11. Mai 1946

Lieber, sehr verehrter Herr Prof. Kippenberg!

Ich möchte Ihnen noch einmal schriftlich danken für das große Erlebnis, das Sie mir bereitet haben, als ich Sie persönlich wiedersehen durfte. Ich habe heute auch Ihrer Frau geschrieben und hoffe nun sehr, sie im Laufe der kommenden Woche in Frankfurt wiederzusehen. Es werden hoffentlich bald solche Umstände eintreten, daß unsere Gespräche in einer etwas ausgeglicheneren Umgebung stattfinden. Dabei möchte ich auch die Einladung wiederholen, daß Sie auch einmal zu uns nach Berlin kommen möchten. Gestatten Sie, daß ich dem Boten etwas Tabak mitgebe, den ich gerade zur Verfügung habe.

Die Adresse meiner Mutter ist München, Leopoldstraße 46/III. bei Kübel.

Wenn ich Sie noch um eines bitten darf, so schicken Sie mir doch die Verträge über die beiden Veröffentlichungen, ›Früheres Werk‹ und ›Wiedergeburt‹ (Sonette). Ich habe Ihrer Frau darüber geschrieben, daß sie in beiden Fällen eine energische Auswahl treffen möge. Sie scheint mir berufen zu sein, diese Arbeit gerecht und unbestechlich vorzunehmen.

Mit den allerbesten Grüßen
Ihr
Johannes R. Becher

Becher an A. Kippenberg

Berlin, 4. Juli 1946

Lieber, sehr verehrter Herr Prof. Kippenberg!

Unsere Briefe haben sich also gekreuzt und ich bestätige Ihnen dankend den Empfang der beiden Verträge, die ich hier unterschrieben zurückschicke. Es war für mich eine Bestätigung, daß ich wirklich wieder zu Haus war, als ich mich wieder in die Liste der Mitarbeiter des Insel-Verlages eintragen durfte.

Wie ich Ihnen schon geschrieben habe, mußte ich meine Reise in Stuttgart leider verkürzen, aber ich hoffe bestimmt in diesem Jahr auf ein Wiedersehen und auch darauf, endlich mit Ihrer lieben Frau persönlich Rücksprache zu nehmen. Ich lege ihr einen kleinen Brief bei.

Was die Sonette anbetrifft, so werde ich Ihnen in der nächsten Woche noch eine Auswahl von neuen Sonetten schicken, und ich bin selbstverständlich ganz damit einverstanden, daß Ihre Frau die zu sehr zeitgebundenen ausscheidet.

In Weimar konnte ich mir unter freundlicher Führung von Herrn Professor Dr. Wahl das Goethe-Museum anschauen, und es ist gut zu wissen, daß seine Pflege in guten Händen ist.

Sollte ich im August in Ferien sein, so bitte ich Sie, mir acht Tage vorher zu telegraphieren, wann Sie in Berlin eintreffen werden, und ich will dann für die Zeit Ihres Aufenthaltes in Berlin unbedingt zurückkommen.

Nun alles Gute und mit den besten Grüßen
Ihr
Johannes R. Becher

Anlage: 2 Verträge

Becher an K. Kippenberg

Berlin, den 4. Juli 1946

Liebe, sehr verehrte Frau Prof. Dr. Kippenberg!

Ich habe Ihnen von ganzem Herzen zu danken für Ihre Bereitschaft, eine Auswahl aus meinen früheren Büchern vorzunehmen. Ich habe in den letzten Jahren oft derartige Versuche unternommen, aber sie scheinen mir alle nicht geglückt zu sein, denn sowohl kopfschüttelnd wie auch schmerzhaft betrachtete ich mein ›früheres Werk‹ und mir schien nichts mehr, ja oft keine Zeile mehr, geeignet zu sein, neu herausgegeben zu werden. Andererseits aber sehe ich auch wohl ein, daß ich in diesem Falle befangen bin, ja vielleicht auch befangen sein muß, um mich nicht im unentwegten Vorwärtsschreiten lähmen zu lassen. Und Sie sind ein gerechter Richter, dem ich voll und ganz vertraue, und ich wüßte mir keinen besseren zu wählen. Ich habe bereits Ihrem Mann geschrieben, daß Sie auch aus den Sonetten die ausscheiden sollen, die Ihnen allzu sehr zeitlich gebunden erscheinen. Und nächste Woche will ich Ihnen noch eine Auswahl neuer Arbeiten schikken. Ich habe allerdings den Vorschlag, nicht nur eine Auswahl zu treffen aus den Büchern, die im Insel-Verlag erschienen sind, sondern auch aus den andern. Aber bei der Auswahl aus den anderen werde ich Ihnen behilflich sein und einen solchen Versuch Ihnen zuschicken, den ich bereits gemacht habe und der ungefähr fünfzig Gedichte enthält. Dann ist das frühere Werk vollständig, und zwar bis 1933. Wenn wir auf diese Weise streng sichten, wird das Sonett-Buch ein sehr schönes Buch werden, und ich hoffe doch, von den Büchern, die ich jetzt herausgebe, etwas längere Freude zu haben als von den vergangenen.

Vor allem aber wünsche ich Ihnen eine fortschreitende Genesung. Ich bedauerte es besonders, daß ich Marburg und Frankfurt abseits liegen lassen mußte, als ich von meiner Reise heimkehrte. Aber dieses Jahr wird dennoch ein Wiedersehen sein, und ich hoffe nur, Sie dann in voller Gesundheit anzutreffen.

Mit den allerbesten Grüßen
Ihr
Johannes R. Becher

K. Kippenberg an Becher

(16) Marburg/Lahn, Dörfflerstr. 28,
den 19. Juli 1946.

Lieber verehrter Herr Becher!

Es tat mir so leid, daß Sie auf ihrer Reise nicht nach Frankfurt kamen. Ich habe immer auf Sie gewartet, und wenn mir vom Arzt gesagt wurde, ich dürfte eigentlich gar keinen Besuch annehmen, ihm erwidert, eine Ausnahme würde ich machen. Die wären Sie gewesen. Nun hoffe ich, daß wir uns doch bald einmal wiedersehen; aber dann bitte melden Sie sich ja rechtzeitig vorher an. Mündlich läßt sich soviel besser das bereden, was wir zu bereden haben, und das ist eine große Menge.

Ich bin gern bereit, aus Ihrem früheren Werk eine Auswahl zusammenzustellen, nur ist es eine Arbeit, für die ich wirklich Ruhe haben müßte, und die habe ich jetzt nicht. Sie glauben nicht, was für Rückstände durch das Vierteljahr Krankheit mich hier erwarteten, was für Fluten von Briefen zum Ehren-Doktor mich überschwemmten, und immer rieselt und tröpfelt es noch weiter. Vor allen Dingen aber warten sie in Wiesbaden schon lange auf die Drucklegung meines Buches über die ›Duineser Elegien‹. Wenn Sie mir nun etwas vorarbeiten würden, nicht nur mit der Auswahl aus Ihren Gedichten aus anderen Verlagen, sondern auch mit der aus dem Insel-Verlag, so wäre ich Ihnen sehr dankbar.

Mit Ihren ›Sonetten‹ habe ich mich schon sehr beschäftigt. Sie überraschten und rührten mich, denn es war ein Ton darin, der mir vollkommen neu bei Ihnen war: ein großes Heimweh und eine große Liebe zur Heimat. Ich werde sie mit aller Sorgfalt noch einmal durchnehmen nach einer gewissen Pause und Sie können sich darauf verlassen, daß ich jedes durchprüfen werde und gewiß keins zu unrecht fortlasse. Aber grundsätzlich möchte ich Ihnen in Ihrem Interesse dazu einmal sagen und Sie werden mir gewiß recht geben: es ist eine derartige Sonettwut (leider nicht auch eine Raserei der Liebe) ausgebrochen, daß die Freunde der Dichtung seufzen und sagen, vor allen Dingen könnten sie nicht *viele* Sonette in einem Bande lesen. Es wird Kritik geübt an einem Reinhold Schneider, dann jetzt am ›Venezianischen Credo‹. Ich glaube, wir tun gut, Ihre Sonette auf das möglichste Mindestmaß zu reduzieren. Rilke wußte sehr gut, warum er nur 56 Sonette gab.

Ich las Ihren ›Abschied‹ und möchte gar zu gern auch darüber mit Ihnen sprechen. Armes, armes Kind! Wieviel Liebebedürfnis steckte in ihm und wieviel leichter hätte er, anders geleitet und von einer verständnisvollen Persönlichkeit geführt, es im Leben gehabt. Wärme war ihm nötig und von Kälte und Konvention war er umgeben.

Nun lassen Sie sich noch herzlich danken für Ihr freundliches Glückwunschtelegramm. Hoffentlich erkennen Sie mich wieder, wenn wir uns wiedersehen. Ich habe dreißig Pfund vorher und während der Krankheit abgenommen, und viel Aussicht, sie wiederzuerlangen, besteht ja jetzt wahrlich nicht.

Seien Sie herzlich und in alter Freundschaft gegrüßt

von Ihrer
Katharina Kippenberg.

K. Kippenberg an Becher

(16) Marburg/Lahn, Dörfflerstraße 28,
den 22. August 1946.

Lieber, verehrter Herr Becher!

Heute schicke ich Ihnen endlich die Liste der Sonette, die ich mir erlaube, für die Veröffentlichung vorzuschlagen. Ich habe die Sonette wieder und wieder gelesen: das Manuskript dann immer einmal eine Zeitlang liegen lassen, um Distanz zu gewinnen, und habe auch darauf geachtet, daß alle Themen in den besten Beispielen vertreten sind. Es gibt eine Anzahl Gedichte über das Sonett selbst, da hoffe ich auch, die besten gewählt zu haben. Ich würde Ihnen nicht raten, die Auswahl noch zu erweitern; ich schrieb Ihnen schon einmal, daß man nicht zuviel Sonette in einem Bande bringen solle, und ich glaube, es liegt nicht im Interesse des Dichters, wenn man die Qualität um der Quantität wegen gefährdete. Bitte empfehlen Sie mich Ihrer Gattin: mein Mann erzählte mir, auch sie hätte sich dahin geäußert, sie wünschte sich, daß Ihre Gedichte in möglichst kritischer Auswahl und dann umso konzentrierter gebracht würden. Ich meine, sie sind schön einheitlich geworden, sie wirken echt und oft sehr innig.

Darf ich schließlich noch die Änderung eines einzigen Wortes anregen: Im ›Alten Hof‹ in der letzten Reihe steht: ›So zogen wir stolz in die Stadt hinein‹. Ich weiß nicht warum, aber das Wort ›stolz‹ scheint mir in diesem Falle zu betont und reißt gewissermaßen ein Loch in den Vers: könnte man nicht ›stumm‹ oder ›still‹ oder sonst etwas sagen, das würde auch die Gefährlichkeit des Erlebnisses noch mehr hervorheben.

Auch mit den Gedichten Ihrer früheren Zeit habe ich angefangen mich zu beschäftigen und war überrascht, wie frisch und lebenskräftig sie noch wirken; sie sind außerdem – wie soll ich mich ausdrücken – historisch interessant, denn sie lassen das Kommende doch schon ahnen und versetzen einen gut in die Ratlosigkeit hinein, die damals bei der Jugend und eigentlich allgemein herrschte. Ich schreibe Ihnen dann später genauer darüber.

Es war mir eine Freude, daß mein Mann neulich bei Ihnen so schön kampiert hat. Ob Sie gar nicht einmal in unser Gebiet kommen, lieber Herr Becher? Mein Mann fährt wieder nach Leipzig, der immer noch so geliebten Stadt, aber er will mich durchaus den Reiseanstrengungen nicht aussetzen, so muß ich noch ein wenig warten dorthin zu fahren.

Hoffentlich findet alles, was ich Ihnen schreibe, Ihre Zustimmung und Ihren Beifall; an liebevoller Mühe meinerseits hat es nicht gefehlt.

In alter Freundschaft grüßt Sie
Ihre
Katharina Kippenberg

Becher an K. Kippenberg

Berlin, den 2. September 1946

Liebe, sehr verehrte Frau Prof. Dr. Kippenberg!

Nach meiner Rückkehr aus Ahrenshoop finde ich Ihren Brief vor mit den Vorschlägen für das Sonett-Buch, und ich will Ihnen gleich antworten.

Ich bin einverstanden mit der Auswahl, mit Ausnahme der beiden Eingangs-Sonette, die ich nicht mehr für gut halte. An ihrer Stelle schlage ich vor: Die Erde steht – und noch ein anderes Sonett, das ich Ihrer Auswahl überlasse. Sonst finde ich alles schön ausgewählt, und ich danke Ihnen von Herzen dafür, und Sie haben Recht, ich will das Buch auch vorerst nicht erweitern. Hoffentlich kann es bald erscheinen.

Ich bin jetzt, was die Zeit betrifft, sehr gedrängt, da sich während meiner monatlichen Abwesenheit sehr viel Arbeit angehäuft hat, und ich bitte Sie um Entschuldigung, daß ich so kurz schreibe.

Ihrem lieben Mann sagen Sie bitte Dank für die schönen Sendungen, und ich hoffe sehr, daß wir bald wieder die Gelegenheit haben werden, ihn in Berlin bei uns zu beherbergen.

Mit den allerbesten Grüßen
Ihr
Johannes R. Becher

Becher an K. Kippenberg

Berlin, den 4. September 1946

Liebe, sehr verehrte Frau Prof. Katharina Kippenberg!

Anbei übersende ich die beiden Gedichte, die ich anstelle der ersten beiden Sonette gern haben möchte. Was Sie über die Zeile im ›Alten Hof‹ sagen, halte ich auch für richtig, und es wäre wohl das Beste, sie so zu verändern: ›So zogen wir in unsere Stadt hinein‹.

Mit den besten Grüßen
Ihr
Johannes R. Becher

Anlage

A. Kippenberg an Becher

Marburg/Lahn, den 22. Januar 47
Dörfflerstraße 28

Lieber, sehr verehrter Herr Becher,

ich danke Ihnen sehr für Ihren so freundlichen Brief vom 8. Januar. Nachdem wir wieder in großer Sorge sein mußten, hat sich der Zustand meiner Frau insofern wenigstens gebessert, als die eigentliche Krankheit, eine allgemeine Sepsis, durch eine Penicillinkur wirksam bekämpft worden ist. Meine Frau hat kein Fieber mehr, aber sie ist unendlich schwach und leidet infolge einer Neuritis an den fürchterlichsten Schmerzen. Aber wir dürfen doch wieder Hoffnung haben. Meine Frau hat in ihrer Krankheit oft von Ihnen gesprochen und sich über Ihre Grüße ganz besonders gefreut. Sie bat mich, sie herzlich zu erwidern.

Sehr dankbar bin ich Ihnen dafür, daß Sie in der Angelegenheit des Insel-Verlages auch Ihrerseits eingegriffen haben. Zu meiner großen Freude kamen nun aus Leipzig günstigere Nachrichten hinsichtlich der Produktion, und vor allem der Papierbeschaffung. Wenn ich nur erst nach Leipzig wieder hinüberfahren könnte! Aber so lange meine Frau nicht völlig außer Gefahr ist, kann ich mich natürlich nicht aus ihrer Nähe entfernen.

Noch eines. Für Ihre Sonett-Ausgabe fehlt, wie man mir aus Leipzig schreibt, noch *ein* Sonett, das wenn ich nicht irre meine Frau aussuchen wollte. Das kann sie natürlich jetzt nicht, und ich darf auch nach strenger ärztlicher Anweisung mit ihr über alle diese Dinge zur Zeit nicht sprechen. So wäre ich Ihnen dankbar, wenn Sie Ihrerseits das noch fehlende Sonett auswählten und nach Leipzig sendeten.

Mit den herzlichsten Grüßen, Ihnen und Ihrer lieben Frau,

Ihr

Anton Kippenberg.

Becher an A. Kippenberg

Berlin, den 10. Februar 1947

Lieber, sehr verehrter Herr Prof. Kippenberg!

Ich danke Ihnen für Ihren Brief vom 22. Januar und habe mich besonders gefreut, daß er zwei gute Nachrichten enthielt. Bitte sagen Sie Ihrer lieben Frau, wie sehr ich mich über ihre Genesung freue und sehr hoffe, daß in diesem Jahr sich eine Gelegenheit ergeben wird, ihr zu begegnen.

Daß der Insel-Verlag nun endlich in Leipzig zu arbeiten beginnen kann, ist für mich und alle Freunde des Insel-Verlags eine große Befriedigung. Ich werde morgen das noch fehlende Sonett nach Leipzig schicken.

Mit den besten Grüßen
Ihnen und Ihrer Frau
Ihr
Johannes R. Becher

Becher an Insel-Verlag

Berlin, den 11. 2. 1947

Sehr geehrte Herren!

Für mein Buch schicke ich Ihnen noch die fehlenden Sonette

Anruf
Vom Sinn der Niederlage
Für diesen Blick

Bitte haben Sie die Freundlichkeit, mir diesen Brief zu bestätigen.

Die Ihnen zugesandten Sonette stehen am Anfang des Buches.

Mit hochachtungsvollem Gruß
Johannes R. Becher

Insel-Verlag an Becher

Leipzig, 21. Februar 1947

Sehr verehrter Herr Präsident,

mit verbindlichem Dank bestätigen wir Ihr Schreiben vom 11. Februar mit den Druckvorlagen der drei Sonette
›Anruf‹
›Vom Sinn der Niederlage‹
›Für diesen Blick‹.

Wir möchten dies zum Anlaß nehmen, Sie einmal auf einige grundlegende Schwierigkeiten hinzuweisen, die sich besonders den Verlegern, die außerhalb Berlins sitzen, in ihren Produktionsbemühungen entgegenstellen.

Ihr Gedichtband ist im Rahmen eines größeren Verlagsprogramms am 11. 9. 1946 vom Kulturellen Beirat befürwortet nach Karlshorst weitergegeben worden. Seither bemühen wir uns, über die Zentralverwaltung in Berlin oder über die örtliche Kommandantur in Leipzig eine Druckgenehmigung für die betreffenden Werke zu erhalten. Es handelt sich dabei, wie ja auch schon aus der Befürwortung durch den Kulturellen Beirat hervorgeht, durchweg um Werke, die weder in politischer noch sonst einer Hinsicht Bedenken erwecken könnten, nach deren baldigem Erscheinen vielmehr ein allgemeines dringendes Bedürfnis besteht. Herr v. Balluseck hatte uns im Januar wissen lassen, daß auf Grund von Verhandlungen der Zentralverwaltung mit Karlshorst diese Druckgenehmigungen künftig von Karlshorst über die Zentralverwaltung den Verlagen zugeleitet würden, und daß mit der Vorlage dieses Genehmigungsbescheides die örtliche Kommandantur automatisch ihre Zustimmung geben würde. Leider hat sich das in der Praxis als nicht zutreffend erwiesen. Wir sind dadurch in einer sehr mißlichen Lage, weil ein Großteil unseres Programms, obwohl die technischen Voraussetzungen – Papier, Satz und Druckmöglichkeiten – hier gegeben wären, infolge der fehlenden Druckgenehmigungen nicht in Angriff genommen werden kann. Sie werden ja nicht nur in Ihrem besonderen Falle als Autor, sondern auch als Mitglied des Kulturellen Beirates ein Interesse daran haben, daß die Dinge, die ja tatsächlich nur an einer bloßen Formalität hängenbleiben, in Fluß kommen, und wir wären Ihnen wirklich außerordentlich dankbar, wenn Sie bei gegebener Gelegenheit in Karlshorst Ihren Einfluß dahin geltend machen könnten, daß diese organisatorische Behinderung behoben wird, die ja doch vorläufig die ganze Wirksamkeit des Kulturellen Beirates ernstlich in Frage stellt.

Mit dem Ausdruck der vorzüglichsten Hochachtung
Der Insel-Verlag

Becher an Insel-Verlag

Berlin, den 4. März 1947

Sehr geehrte Herren!

Wie ich Ihnen schon telegrafisch mitgeteilt habe, habe ich mich sofort mit den betreffenden Institutionen in Verbindung gesetzt und diese versprachen mir, die Sache sofort in Ordnung zu bringen. Sollte das in den nächsten Tagen nicht geschehen, so bitte ich Sie, sich doch noch einmal an Herrn Präsidenten Wandel, bezw. Vizepräsident Weinert, Zentralverwaltung für Volksbildung, Berlin W 8, Wilhelmstraße 68, zu wenden.

Durch ein Versehen wurde vergessen, Ihnen den Sonettkranz ›Auf Deutschlands Tote‹ mitzusenden, der den Abschluß des Buches bilden soll. Das Schlußsonett ›Abschied‹ fällt weg, an dessen Stelle kommt der Sonettkranz ›Auf Deutschlands Tote‹.

Mit hochachtungsvollem Gruß
Johannes R. Becher

Anlage

Insel-Verlag an Becher

[Leipzig] Am 20. März 1947

Sehr geehrter Herr Präsident!

Wir bestätigen dankend den Empfang Ihres Briefes vom 4. ds. Mts. sowie das Manuskript des Sonettenkranzes ›Auf Deutschlands Tote‹. Wir haben vorgemerkt, daß das Schluß-Sonett ›Abschied‹ wegfallen und der Sonettenkranz ›Auf Deutschlands Tote‹ den Abschluß des Buches bilden soll.

Da sich inzwischen auch die Genehmigungsformalitäten erledigt haben, wurde das Werk nunmehr zum Satz gegeben. Sobald der Satz beendet ist, werden wir wieder von uns hören lassen.

Mit verbindlichsten Empfehlungen
Der Insel-Verlag

Becher an Insel-Verlag

Berlin W 15, den 3. April 1947
Schlüterstraße 45

Sehr geehrte Herren!

Ich muß noch um eine letzte Einfügung bitten, und zwar vor dem Sonettkranz ›Auf Deutschlands Tote im zweiten Weltkrieg‹. Die beiden Sonette ›An die Dichter des ersten Dreißigjährigen Krieges‹ und ›Wir Dichter des zweiten Dreißigjährigen Krieges‹ lege ich Ihnen bei.

Mit hochachtungsvollem Gruß
Johannes R. Becher

Insel-Verlag an Becher

[Leipzig] Den 23. Mai 1947.

Sehr verehrter Herr Becher!

Von Ihrem Sonetteband ›Wiedergeburt‹ senden wir Ihnen beiliegend die Korrektur mit dem Manuskript. Wir bitten Sie, die auf der Korrektur angebrachten Änderungen als Vorschläge anzusehen, die wir freilich Ihrer freundlichen Billigung empfehlen.

Bitte lassen Sie uns die Korrektur mit Ihrer Druckgenehmigung sowie das Manuskript recht bald wieder zugehen, damit der Band zum Druck gelangen kann.

Mit vorzüglicher Hochachtung
Der Insel-Verlag

Becher an Insel-Verlag

Berlin, den 28. 5. 1947
Einschreiben!

Sehr geehrte Herren!

Ich danke Ihnen für die Übersendung der Korrekturen, die ich anliegend mit meiner Druckgenehmigung zurückschicke. Vor allem möchte ich Ihnen danken für Ihre Anmerkungen, die ich in den meisten Fällen berücksichtigt habe, und die mir sehr wertvoll waren. Und ich bitte Sie auch, bei evtl. neuen Arbeiten von mir mich immer Ihre Vorschläge wissen zu lassen. Nun habe ich nur noch einige kleine Änderungen vorzuschlagen:

1.) Der Band beginnt mit den Sonetten
›Anruf‹ und
›Vom Sinn der Niederlage‹ und mit dem beigefügten
›Das Sonett‹
2.) Alsdann folgt
›Du meine deutsche Heimat‹ und
›Auf das Tagebuch eines gefallenen Studenten‹
3.) Nach
›Römischer Sieger‹ kommt das neueingefügte Sonett
›General Mola‹
4.) Nach
›Für diesen Blick‹ kommt das neueingefügte
›Über das Sonett‹
5.) Statt dessen fallen die beiden Sonette
›Alter Hof‹ und
›Am Bodensee einst‹ fort.
6.) Was die beiden Sonette
›Das Nichts‹

anbelangt, so bitte ich Sie, diese Sonette selbst so einzuordnen, damit beide Teile auf zwei gegenüberliegenden Seiten stehen, ungefähr in der Umgebung der Sonette, wo ›Das Nichts‹ jetzt steht.

Überschriften und Anfänge der Sonette habe ich nicht korrigiert und ich bitte, diese Korrektur selbst vorzunehmen.

Eine nochmalige Korrektur brauche ich nicht mehr, und ich kann sie wohl beruhigt Ihnen überlassen.

Nochmals meinen Dank für Ihre mir so wertvolle Mitarbeit!

Mit hochachtungsvollem Gruß
Ihr
Johannes R. Becher

Anlage

Becher an Insel-Verlag

Berlin, den 30. 5. 1947
Einschreiben!

Sehr geehrte Herren!

Soeben bemerke ich zu meinem Schreiben, daß das dem ganzen Buch seinen Titel gebende Sonett ›Wiedergeburt‹ fehlt, das ich Ihnen nun anbei schicke, und das als erstes Sonett den Band eröffnet. Die Reihenfolge ist also

›Wiedergeburt‹
›Anruf‹ usw.

Damit ist der Band dann *endgültig* abgeschlossen.

Mit hochachtungsvollem Gruß
Johannes R. Becher

Anlage

Insel-Verlag an Becher

[Leipzig] Am 5. Juni 1947

Sehr geehrter Herr Becher!

Wir danken Ihnen für Ihre beiden eingeschriebenen Briefe vom 28. und 30. Mai mit der druckfertigen Korrektur Ihrer ›Sonette‹ und dem nachgesandten Eingangssonett ›Wiedergeburt‹. Die Fahnen sind nach Ihren brieflichen Angaben geordnet und das Register entsprechend korrigiert worden. Der Band wird jetzt umbrochen; wir hoffen, ihn bald fertigstellen zu können. Ihrer Mitteilung entsprechend werden wir Ihnen keine weitere Korrektur zusenden.

Mit den besten Empfehlungen
Der Insel-Verlag

Becher an Insel-Verlag

Berlin, den 19. 9. 1947

Sehr geehrte Herren!

Leider höre ich schon lange nichts mehr davon, wie weit eigentlich mein Sonett-Bändchen gediehen ist. Bitte teilen Sie mir doch mit, wann Sie es herausbringen können.

Mit hochachtungsvollem Gruß
Johannes R. Becher

Insel-Verlag an Becher

[Leipzig] Am 25. September 1947

Sehr verehrter Herr Präsident!

Wir empfingen Ihre Anfrage vom 19. ds. Mts. und teilen Ihnen mit, daß Ihr Sonettenband ausgedruckt ist. Ein Exemplar in Aushängebogen folgt anbei. Die Buchbinderarbeiten hoffen wir, im Laufe der nächsten vier Wochen zu beenden, so daß er voraussichtlich Anfang November erscheinen kann.

Mit den besten Empfehlungen
Der Insel-Verlag

Anlage

Insel-Verlag an Becher

[Leipzig] Am 29. November 1947

Sehr verehrter Herr Präsident!

Wir freuen uns, daß wir Ihnen heute schon die ersten fünfundzwanzig Exemplare Ihres Buch der Sonette »Wiedergeburt« übersenden können.

Nach dem Vertrag stehen Ihnen für die gedruckte Auflage von 10.000 insgesamt hundert Freiexemplare zu, und wir bitten Sie, über die restlichen fünfundsiebzig zu verfügen.

Wir hoffen zuversichtlich, daß Ihr Buch bis zum zehnten Dezember dem Buchhandel ausgeliefert werden kann.

Wir schicken gleichzeitig nach der beigefügten Liste Besprechungsexemplare an zwanzig Zeitungen und würden Sie bitten, von sich aus weitere Wünsche uns hierzu bekannt zu geben.

Mit vorzüglicher Hochachtung
Der Insel-Verlag

Anlage

A. Kippenberg an Becher

(16) Marburg/Lahn, den 12. Dezember 1947
Dörfflerstraße 28

Lieber Herr Becher!

Zu meiner Freude erhalte ich aus Leipzig nunmehr endlich Exemplare Ihrer »Wiedergeburt« und habe die Sonette mit dem schmerzlichen Gefühl gelesen, daß meine Frau sie nun nicht mehr in Händen haben und sich daran erfreuen kann. Die Gedichte sind sehr schön, und mit der Ausstattung wäre ich zufrieden, wenn der Buchbinder etwas besser gefalzt hätte. Aber in heutigen Zeitläufen müssen wir solche Mängel schon in Kauf nehmen.

Leider habe ich in der Rilke-Angelegenheit kein Sterbenswort mehr gehört, und meine so sorgfältig und dringlich begründete Eingabe beim Zentralausschuß scheint ungehört verhallt zu sein. Es ist ein Jammer, daß dieser große Dichter in der russischen Zone heute, da er mehr denn je zur Wirkung berufen ist, fast ungehört bleibt. Auch hier wachsen natürlich die Bäume nicht in den Himmel, aber wir haben doch immerhin von Rilke mancherlei drucken können. Können Sie da nicht einmal kräftig eingreifen? Ich wäre Ihnen sehr dankbar dafür.

In der Hoffnung, daß es Ihnen gut geht und daß wir uns bald wiedersehen, grüße ich Sie und Ihre verehrte Gattin in die Festtage und in das neue Jahr hinein aufs herzlichste.

Ihr alter getreuer
Anton Kippenberg

ÜBERSCHRIFTEN UND ANFÄNGE DER SONETTE

INHALT

Texte nach der 1947 im Insel-Verlag Leipzig erschienenen Ausgabe *Johannes R. Becher: Wiedergeburt. Buch der Sonette* sowie, hinsichtlich der ausgewählten Briefe im Anhang, nach dem 1981 im Insel-Verlag erschienenen Band *Becher und die Insel. Briefe und Dichtungen 1916–1954. Herausgegeben von Rolf Harder und Ilse Siebert.*

ISSN 0233-1047
ISBN 3-3751-0084-8

Insel-Verlag Anton Kippenberg, Leipzig
Erste Auflage
Lizenz Nr. 351/260/36/87 LSV 7005
Gesetzt und gedruckt in den Druckwerkstätten Stollberg VOB,
gebunden in der VOB Kunst- und Verlagsbuchbinderei Leipzig
Schrift: Baskerville-Antiqua
Überzuggestaltung: Günter Blochberger
Printed in the German Democratic Republic
Bestell-Nr. 787 346 6
00250